MARLIES SLEGERS

GRENZELOOS

WAAR TREK JIJ DE LIJN?

kluitman

Nur 284 / W082001
Bisac YAF062000 / YAF058240

Omslagontwerp: Sanneke Prins, Sproud Amsterdam

Opmaak binnenwerk: Studio L.E.O.

kluitman.nl
marliesslegers.nl

Bij Koninklijke Beschikking
Hofleverancier

TABITHA

Het feest is in volle gang. In de grote tuin staat een partytent. Het is al donker en felgekleurde feestlampjes lichten de tuin op. De dj draait een nummer van Snelle en iedereen danst. Het lijkt alsof de feestvierders in de tuin een menselijke golf zijn. Ze gaan op en neer. Onder het zonnescherm, dat uitgeklapt is, staat de bar. De ouders van Dox hebben gezorgd voor prosecco, en er is ook bier en wijn. Waterzakjes, zegt iemand, bier en wijn aangelengd met water. Het maakt niet uit. Zonder dat de ouders van Dox het weten, staan er achter in de tuin, tussen de bosjes, flessen sterkedrank.

Soms komt er een schaal met hapjes voorbij. Bitterballen en stukjes pizza. Het is een warme dag geweest en ook de avond is nog zwoel, uitzonderlijk zelfs voor mei.

Ik pak een bitterbal van de schaal af en neem een hap.

'Shit. Au! Mijn mond!' De hete ragout stroomt uit de bitterbal op mijn tong. Eline begint te lachen.

'Die komt net uit de frituur, wat dacht je dan!'

'Ahahahaha!' Met mijn mond open probeer ik de hap in mijn mond te laten afkoelen. Dan slik ik hem door. Eline houdt haar drankje voor mijn neus.

'Hier, kun je blussen!'

Ik giet het glas gulzig naar binnen en Eline lacht. 'Schat, dat was gin met Seven-Up... Nadruk op wás.' Ze pakt het lege glas van me over.

'O. Nou ja, dan voel ik de blaren op mijn gehemelte niet.' Ik lach en pak dan mijn eigen glas, waar wijn in zit. 'Hoe kom je daaraan?'

'Die maken Alain en Tijn achter in de tuin.' Eline gebaart met haar hoofd die kant op. 'Dat mogen de ouders niet weten natuurlijk. Die denken dat we braaf aan de waterzakjes zitten.'

'Nice. Ik ken hier verder niet zo veel mensen. Jij?'

'Een paar.' Eline lacht. 'Alleen zijn Alains vrienden niet per se mijn vrienden. En iedereen hier is natuurlijk uit het jaar boven ons of al van school af.'

Ik knik. 'Ik wil niet heel stom doen of zo, maar misschien ga ik wel eerder naar huis. Ik bedoel, het is hartstikke gaaf hier, maar niemand zit te wachten op een vierdeklasser. Iemand gaf me net al een stapeltje lege bierglazen omdat ze dachten dat ik er ben om te helpen.'

'Haha!' Eline lacht. 'Ik snap het. Voor mij is het anders. Ik heb Alain. Maar ga nog niet. Blijf gewoon. Weet je wat? Ik ga zo'n drankje voor je halen.' Eline knipoogt. Ze loopt naar de achterkant van de tuin.

Ik draai me om en kijk naar de mensen die staan te dansen. Het is echt wel een heel leuk feest, zo anders dan met jongens van mijn eigen leeftijd. Dan heb je altijd een jongens- en een meidenhoek. Hier niet. Ik vind het wel heel gaaf dat ik ook mocht komen, ook al zit

Dox in het eindexamenjaar en ik een jaar eronder. We kennen elkaar eigenlijk helemaal niet. Eline, mijn beste vriendin, heeft sinds kort verkering met Dox' beste vriend, Alain, en daarom mocht ik mee. De meeste mensen hier schat ik toch wel achttien of ouder. Sommigen herken ik nog van vorig jaar op onze school, dus zij zijn er al een jaar af. Eline en ik zijn allebei zestien maar ze zei al dat Dox' ouders dat heus niet zien. We kunnen in ieder geval zo veel wijntjes nemen als we willen.

Ik heb vanavond mijn hakken aangedaan, mijn zwarte strakke jurkje en daaroverheen een witte oversized blazer. Mijn benen voelen wel wat koud aan, want het is pas begin mei en hoewel het een warme dag was, koelt het wel wat af nu. Mijn krullen had ik met olie gekneed, en ik had me flink opgemaakt. Mam was gelukkig al naar haar werk toen ik wegging, zodat ze er niets over kon zeggen. Als ik vanavond thuiskom, slaapt ze vast al, want ze gaat altijd gelijk naar bed na een avonddienst. Ze werkt sinds twee jaar op Schiphol als grondstewardess en heeft wisselende diensten. Soms ga ik haar ophalen met de trein. De sfeer op de luchthaven vind ik geweldig en ik wil later ook stewardess worden, maar dan in de lucht.

Ook al kan ze streng zijn, toch heb ik vooral bewondering voor mijn moeder, die, nadat mijn vader ons verliet, alles zelf moet doen. Drie kinderen opvoeden en een baan zoeken, terwijl mijn vader met een andere vrouw naar Curaçao vertrok, nu anderhalf jaar geleden... Mam had kort nadat mijn vader was weggegaan een grote afvalcontainer laten komen en alles wat van hem was geweest, erin gegooid. Drie dagen lang had ze onophoudelijk lopen opruimen, van de zolder tot de schuur.

'Zo. Opgeruimd staat netjes,' had ze gezegd toen de container opgehaald werd. Ik had ernaar gekeken met een enorme brok in mijn keel, omdat het net was alsof mijn vader weggetakeld werd. Ik wist dat ze gelijk had. Maar na anderhalf jaar mis ik mijn vader nog steeds.

'Heb je het naar je zin? Je staat hier zo alleen...' Een stem naast me doet me uit mijn overpeinzingen opschrikken. Het is Dox. Ik lach en knik.

'Ja, echt een heel vet feest. Leuk dat ik mocht komen.'

Ik bestudeer hem. Donkerblond golvend haar en bruine ogen. Hij draagt een spijkerbroek en een lichtblauw overhemd, waarvan de bovenste knoopjes open zijn.

'Jij bent toch met Eline meegekomen? En nu sta je hier alleen. Zonder drankje.'

'O... ik ken hier verder niet zo veel mensen. En Eline is wat halen.'

Dox lacht en legt even een arm om mijn schouder. Hij draait me een kwartslag. 'Dan kun je lang wachten. Die twee zitten voorlopig wel aan elkaar vastgeplakt.' Hij wijst op Alain en Eline, die staan te zoenen. 'Blijf maar even staan, dan haal ik wat voor je. Zo terug.'

Dox loopt weg en een paar minuten lang ben ik weer alleen. Overal klinkt gelach en gepraat.

'Zo, ik hoop dat je van bubbels houdt.' Dox staat weer naast me, met een hele fles prosecco en twee glazen. Hij pakt mijn hand. 'Kom, dan gaan we ergens staan waar het rustig is. Even uit de drukte.'

Ik voel mijn hart wat sneller gaan en ben me enorm bewust van mijn hand in die van hem. Mijn hoofd voelt licht, maar dat kan ook van de drank zijn. Voordat ik mijn mond bluste met een glas gin-Seven-Up, had ik al drie glazen wijn op. Mijn hakken zakken in het gras onder me en Dox trekt me mee naar de zijkant van de tuin. Daar is een een soort huisje. Dox blijft even staan en kijkt achterom. Er is verder niemand hier, iedereen staat op de dansvloer, eromheen of bij de bar.

'Hierachter kunnen we even rustig zitten.'

Om de hoek van het huisje staat een loungebank van hout. 'Mijn moeders geheime zonneplekje,' zegt Dox. Hij drukt ergens op en dan gaat er een zacht lampje aan, dat aan de wand van het houten huisje is opgehangen. 'Dit is haar atelier voor als ze schildert. En hier kan ze lekker in de zon zitten.'

We gaan op de bank zitten en Dox opent de fles prosecco. Hij schenkt de glazen in en geeft mij er eentje. 'Proost. Op het mooie meisje dat hier bij me zit. Talissa toch?'

'Tabitha. Zeg maar Tabby.' Ik giechel en schop mijn schoenen uit. 'En heet jij echt Dox?'

'Nee. Eigenlijk Dominique Alexander. Maar dat vind ik zo suf. Dox is mijn roepnaam.'

'Dominique Alexander...' Ik neem een slok en staar naar de lucht. Het is echt een prachtige avond. 'Wat doen jouw ouders, dat jullie in zo'n villa wonen?'

'Eigen bedrijf. En die van jou?'

Ik laat mijn hoofd achterover zakken tegen de leuning. 'Mijn moeder werkt sinds een poos op Schiphol als grondstewardess. En mijn vader... woont in het buitenland. Hij is een poos geleden vertrokken en woont met z'n vriendin en haar kinderen op Curaçao.' Ik neem nog een flinke slok en Dox pakt de fles. Hij schenkt mijn glas meteen bij. Ik wil eigenlijk zeggen dat ik niets meer hoef, want alles lijkt wat vertraagd binnen te komen. Aan de andere kant is het ook lekker. 'Ze zijn bescheiden… gescheiden.' Ik lach. 'Ik zie mijn vader niet meer. Whatever. Boeit me niet. Dominique Alexander.'

'Dan proosten we op je moeder. Kom.' Hij houdt zijn glas omhoog en tikt dat tegen mijn glas.

'Op mijn mama,' zeg ik en ik drink het glas leeg. Dox schenkt het weer vol.

'Rustig aan,' zeg ik lachend. 'Ik drink eigenlijk nooit.' Ik heb natuurlijk al veel te veel op, dat voel ik wel. Maar misschien ben ik wel heel leuk als ik dronken ben, denk ik dan. Niet zo verlegen en zo. 'Moet jij niet terug naar je feest?'

'O, ik vind het feestje hier ook gezellig, hoor.' Hij schuift nog wat dichter naar me toe. 'Ik heb jou inderdaad wel eens op school zien lopen. Je valt altijd wel op, met je wilde krullen en groene ogen. En je sproeten.' Met zijn vinger tikt hij tegen mijn wang. Ik lach. Zijn vinger blijft net wat langer hangen. Ik voel van alles.

'Heb je een vriendje?'

Ik schud mijn hoofd. 'Nee. Mijn laatste vriendje was…' Ik denk diep na. Mijn hoofd voelt alsof er allemaal watten in gestopt zijn en ik moet graven naar de informatie die ik zoek. '… Bryan! Bijna een jaar geleden.' Ik grijns.

'Daarna geen vriendjes meer?! Dat kan ik niet geloven. Zo'n mooi meisje als jij.' Dox legt zijn hoofd ook tegen de achterkant van de loungebank, dicht bij dat van mij.

'Toch is het zo. Geen vriendjes. Die hoef ik niet.' Ik kijk hem plagend aan en neem een slok van mijn prosecco.

'Is dat een uitdaging? Klinkt alsof iemand je hart gebroken heeft. Die Bryan?'

'Nee, mijn vader.' Ik sluit even mijn ogen. 'En jij?'

'Een gebroken hart?'

'Een vriendin.'

'Merel, maar dat is net over.'

'Merel uit 5C?'

'Ja, die Merel. Kijk, dat is de Grote Beer.' Dox wijst naar de donkere hemel. Ik kan mijn ogen niet gefocust krijgen op de sterren.

'Waarom ging het uit?' Ik kijk weer naar Dox.

'We...' Hij haalt zijn schouders op. 'We gaan studeren straks en zo. Dan wonen we allebei in een andere stad en dan wil ik liever vrij zijn. Daarom.' Hij knipoogt.

'Is zij er ook vanavond?'

'Nee. Dan krijg je alleen maar gedoe en zo. Wordt ze jaloers als ik met zo'n mooi meisje zit.' Hij lacht en komt een beetje dichterbij met zijn gezicht.

'O. Oké. Laten we teruggaan naar je feest,' zeg ik en ik wil opstaan. Maar ik wankel en voel alles om me heen draaien. 'Oeps... Toch even zitten.' Ik struikel en val op Dox' schoot. Ik kijk hem giechelend aan en onze gezichten zijn dicht bij elkaar.

'Gaat het?'

'Hmmm. Ik... toch wat te veel op.' Het is net of de wereld verder weg is. Alsof Dox ver bij me vandaan is, terwijl ik wel zijn hand achter mijn hoofd voel.

De wereld draait om ons heen. Dan trekt Dox me naar zich toe en zoent me. Ik voel nog een hand, op mijn borst.

'Nee, niet doen...' Dan zoent hij me weer en sluit ik mijn ogen.

DOX

Ze smaakt naar drank. Ze duwt tegen mijn schouder aan, terwijl ik mijn gezicht in haar nek begraaf en haar zoen.

'Nee, niet doen...' mompelt ze, en mijn mond gaat van haar nek naar haar lippen. Ze heeft een prachtige mond.

'Kom op, je wilt dit vast net zo graag als ik...' Ik trek haar jurk omhoog en streel haar tussen haar bovenbenen.

'Nee, ik...'

Ik smoor haar woorden weer met mijn mond en duw mijn hand tegen haar aan. Ze voelt warm.

Twee handen proberen me weg te duwen en ik lach. Ze is als een prijs op de kermis. Je weet dat je er na afloop niets aan hebt, maar je wilt toch winnen. 'Ontspan,' ik pak haar pols, 'dan is het veel lekkerder.'

'Maar ik...'

'Je wilt het wel,' zeg ik dan. 'Toch?'

'... ik weet het niet... doe maar niet... nee...'

Maar ik wil en kan niet meer stoppen.

Het voelt zo goed. Dat moet zij ook voelen.

TABITHA

Iemand slaat met een hamer tegen mijn hoofd. Ik kreun en open mijn ogen. Het licht dat door de gordijnen komt, doet pijn en ik knijp ze snel weer dicht.

Boem boem boem. Zo klinkt het in mijn hoofd. Mijn nek doet enorm pijn en ik voel me kotsmisselijk. Ik geloof niet dat ik me ooit ellendiger heb gevoeld.

Ik hoor mijn zusje Anousjka beneden. Ze roept iets tegen mam. Ook al kan ik niet verstaan wat ze zegt, het klinkt toch alsof ze in mijn hoofd gilt. Even word ik bang. Er is echt van alles mis met mijn lichaam. Mijn hart gaat tekeer en mijn keel doet pijn. Ik heb het gevoel dat ik ieder moment out zou kunnen gaan.

Ik rol op mijn zij en staar naar de grond. Mijn jas ligt er, net als mijn hakken. Ik sla mijn dekbed even weg en zie dat ik mijn jurkje en blazer nog aanheb. Huh? Ben ik hier gewoon mee in bed gaan liggen? Ik zie tot mijn schrik ook wat schaafwonden op mijn knie. En ik heb een rode plek bij mijn pols. Hoe kom ik daar allemaal aan?! Ik ben vast ergens tegenaan gebotst.

Hoe laat is het eigenlijk? Ik pak met moeite mijn telefoon maar de batterij is leeg. Bij iedere beweging protesteert mijn lichaam hevig. Ik kan het ook niet opbrengen om naar mijn bureau te lopen, waar mijn lader ligt. Het liefst blijf ik bewegingloos liggen. Ik heb een vreselijke smaak in mijn mond.

Ik sluit mijn ogen zodat het op en neer golven van de kamer stopt. Oké. Wat heb ik gisteravond gedaan? O, ja. Een feest bij Dox. Ik was erheen gegaan met Eline. We dronken wijn. Ik herinner me vaag dat ik met Dox ergens zat. Verder weet ik niets meer. Niet eens hoe ik thuis ben gekomen of hoe laat. Ben ik naar huis gefietst? Het is net alsof ik een deel van de avond kwijt ben.

Ik trek het dekbed weer over mijn gezicht en doe mijn ogen dicht. Ik wil alleen maar slapen.

De deur gaat opeens open en mijn moeder staat in de deuropening. 'Goedemorgen, slaapkop! Kom je er nog uit? Het is al bijna elf uur.' Ze heeft een mok koffie vast en de geur komt mijn kamer in. Ik word er gelijk misselijk van.

'Ik... ik voel me niet zo goed. Ik wil echt nog even slapen, mam.' Ik realiseer me dat ik moet plassen en wil net het dekbed van me af gooien, als ik me bedenk dat ik mijn kleren nog aanheb. Dat mag mam niet zien, want dan begrijpt ze zelf ook wel wat er gebeurd is. En ze vindt het niet erg dat ik sinds een paar maanden heel af en toe een glaasje wijn drink, bij speciale gelegenheden, maar dat ik dronken als een tor mijn bed in ben gerold, dat zou ze niet pikken.

Ze zet een paar stappen mijn kamer in. 'Jeetje, je ziet er inderdaad niet uit. Je hebt gisteren niet eens je make-up eraf gehaald. Het stinkt hier ook. Hoe laat was je eigenlijk thuis? En waar is je fiets?'

Mijn fiets?!

'Eh... nee, ik was gisteravond al niet lekker. Eline... Elines vader heeft me naar huis gebracht met de auto. Mam, ik wil echt nog even slapen. Ik heb migraine, geloof ik. En misschien kan Anousjka wat zachter doen. Geluid en licht doen nu echt veel pijn.'

Ze blijft even staan en ik zie dat ze iets wil zeggen, maar dan draait ze zich om. 'Oké, ik kom straks wel weer even naar je kijken, voor ik ga werken.'

Ze trekt de deur dicht en ik ontspan. Ik sla het dekbed weg, trek snel de blazer en jurk uit en wil weer gaan liggen, als ik ook een flinke blauwe plek net boven mijn borst zie. Dus dat voelde ik. Ik moet me echt flink gestoten hebben. Hoezo weet ik dat niet meer? En shit, ben ik nou ook nog ongesteld geworden? Ik kijk naar het plakkerige beetje bloed tussen mijn benen. Ik was toch vorige week nog ongesteld? Ik veeg het zo goed als ik kan weg met een papieren zakdoekje en gooi dat onder mijn bed.

Ik kan me zo weinig herinneren van gisteravond. Ik trek het dekbed weer over me heen, sluit mijn ogen en val in een diepe, onrustige slaap.

Het is al bijna zes uur als ik heb gedoucht. Ik heb twee paracetamol op en loop naar beneden. Luke zit achter zijn PlayStation *Call of Duty* te spelen. Hij kijkt op en grijnst.

'Zo, jij hebt een kater...'

'Helemaal niet!' Ik probeer steviger te klinken dan ik me voel.

'Ik heb gisteren gewoon iets gegeten wat niet goed viel of zo.'

'Nou, daar trapt mam misschien in, maar ik niet. Ik herken een kater van een kilometer afstand.'

Ik zucht. Ik voel me nog steeds niet top. 'Oké, ik heb te veel gedronken gisteravond. Maar niks tegen mam zeggen, alsjeblieft!'

'Ik houd m'n mond wel. Maar jij bent te jong voor dat soort *hangovers*. Dat moet je niet meer doen.' Luke kijkt me niet aan, maar focust zich op het gamen.

'Jij bent m'n vader niet, dus whatever. Ik heb gewoon een beetje hoofdpijn, meer niet.' Ik hoop dat hij niet ziet dat ik lieg, want ik heb het gevoel dat ik weer moet gaan liggen. 'Waar is mam?'

'Schiphol. En ze ging wat vroeger dan nodig was.' Luke lacht. 'Volgens mij heeft het iets te maken met een knappe piloot. Ze wil het ons nog niet vertellen, maar ik vermoed dat ze iemand heeft ontmoet.'

'O. Leuk. Denk ik.'

'Bij wie had je eigenlijk een feest?'

'Ik weet niet of je hem kent.' Luke is vorig jaar geslaagd en studeert al bijna een jaar. Hij doet een managementopleiding maar woont nog wel thuis. 'Hij heet Dox.'

'Dox Wijssen?! Serieus? Ja, die ken ik wel.' Luke begint te grijnzen.

Ik hoor duidelijk de verbazing in zijn stem.

'Wat?'

'Nou, ik vind het niets voor jou, dat jij naar zo'n feest gaat.'

'Hoezo niet?'

'Nou, Dox en zijn vrienden staan erom bekend dat ze niet vies zijn van een pilletje en een snuifje.'

Ik haal mijn schouders op. 'Daar heb ik echt niks van gemerkt. Bovendien waren zijn ouders er gewoon bij.'

Luke vloekt. 'Verdomme! Dood.' Hij legt de controller neer en staat op. 'Gelukkig dan voor jou. Dat zijn normaal gesproken wilde feesten. Hoe laat was je thuis?'

Ik probeer in het donkere gat in mijn hoofd informatie te vinden. Ik weet eigenlijk niet heel veel meer van gisteravond. Nou ja, dat ik mijn mond brandde aan een bitterbal. En dat Dox met me kwam praten. En ik weet nog dat hij een fles prosecco in zijn handen had, maar eigenlijk is mijn geheugen vanaf dat moment blanco.

'Eh, ik geloof rond half twee,' zeg ik, maar eerlijk gezegd weet ik het niet. 'Is er eten?' Ik draai me om. Ik heb er geen zin in dat Luke me de les gaat lezen omdat ik niet precies meer weet hoe en wat.

'Mam zei dat we pizza's mochten bestellen.' Luke grijnst blij. Mam staat er normaal gesproken op dat we gezond eten. 'Dat daten van haar heeft zo zijn voordelen.'

—

Na het avondeten loop ik naar mijn kamer en pak mijn telefoon, die weer opgeladen is. Ik zie dat ik allerlei berichtjes van Eline heb gemist.

Hé lieffie, pfff... wat een avond, hè?! Gaat het weer met je?

Tabs? Zeg ff wat!

Heb je nog last van die val? Je ging echt zo enorm onderuit...

Hallohooooo! Leef je nog?

Ik lees de berichten nog een keer. Welke val? Waar heeft ze het over? Wacht… die schaafwonden en blauwe plekken bij mijn borst… ik ben dus blijkbaar gevallen. Ik moet haar echt spreken en druk op het bel-icoontje.

ELINE

Het scherm licht op. Eindelijk een teken van leven van Tabitha. Met mijn telefoon loop ik de tuin in. Het is vanavond wat frisser dan gisteravond en ik wrijf over mijn armen.

'Tabs! Ga je lekker? Waar was je de hele dag?!'

'Gewoon thuis. Met een enorme kater... echt, ik heb me vandaag zo ellendig gevoeld! Ik dacht even dat ik doodging of zo. Enorme hartslag en een hoofd dat op knappen stond. Ik drink echt nooit meer zo veel!'

Dat verbaast me niet. Tabitha was gisteravond enorm dronken. Ik kijk in de ruit van de glazen deur die de keuken van de tuin scheidt en zie mijn eigen reflectie. Ik ben best happy met mijn pasgeknipte witblonde haar, het staat een stuk volwassener nu het tot net op mijn schouders valt.

'O, dat is klote voor je. Maar je had natuurlijk ook enorm veel op... nooit geweten dat jij zo veel kon drinken! Je was redelijk grenzeloos. Heb je nog last van die val? Het deed gewoon pijn om naar je te kijken, haha!'

Het is even stil aan Tabitha's kant van de lijn. 'Ja, daarover dus... welke val?'

Ik begin te lachen. 'Kom op! Toen we de straat uit fietsten bij Dox! Je ging finaal onderuit toen je tegen de stoeprand knalde. O, wauw...' Opeens bedenk ik me iets. 'Heb je een hersenschudding en daardoor geheugenverlies? Zou dat het zijn? Alleen kwam je niet echt op je hoofd terecht, maar toch!'

'Geheugenverlies?'

'Tabby, er zit een echo op de lijn. Alles wat ik zeg, wordt herhaald. Door jou. Wat heb je?'

'Ik weet niet meer dat ik gevallen ben... maar ik begreep al niet waarom ik blauwe plekken heb. Mijn hele lijf voelt inderdaad bont en blauw en stijf.'

'Jij kunt je niet herinneren dat je gevallen bent?' Nu praat ik haar na. 'Je kwam niet meer bij van het lachen! En voordat ik je thuis had gekregen achter op mijn fiets, was je alweer bijna een paar keer gevallen! Jij moet echt nog veel bezopener zijn geweest dan ik dacht, als je je daar niets meer van herinnert.' Ik grinnik.

'Eh, waar is mijn fiets eigenlijk? Mam zei iets over dat hij er niet was.'

Ik schiet in de lach maar eigenlijk kan ik het nauwelijks geloven. Meent ze dit nou echt of neemt ze me in de maling? 'Die hebben we terug bij Dox gezet. Er zat een enorme slag in het voorwiel nadat je er keihard mee tegen de stoeprand was geknald.'

'O.' Tabitha klinkt alsof ze me niet gelooft. 'Hoe ben ik dan thuisgekomen?'

'Bij mij achterop. Ik moest je steeds vasthouden omdat je eraf dreigde te vallen. Heeft je moeder er niets van gezegd dat je pas zo laat thuis was? Mijn ouders sliepen goddank heel diep, want anders had ik echt huisarrest gekregen tot aan mijn studententijd, denk ik.'

'Hoe laat waren we thuis dan?'

Ik schud mijn hoofd vol ongeloof. Tabitha moet vannacht echt enorm de weg kwijt zijn geweest dat ze dit allemaal niet meer weet.

'Vijf uur vanochtend.'

Het blijft stil aan de andere kant.

'Tabby?'

'Eh, ja, ik ben er nog… Vijf uur? Oh my god… Je maakt een grapje, toch? Het is een zwart gat in mijn hoofd. Ik kan bijna niet geloven dat ik niets meer weet.'

Ik bijt op mijn onderlip.

'Weet je echt niets meer? Wat herinner je je nog wel dan?' Kan het echt zijn dat ze niet meer weet dat…

'Nou ja, dat we naar dat feest gingen. En dat ik mijn mond brandde. En heel vaag dat ik met Dox ergens ging zitten, maar eigenlijk is de rest weg. Vanochtend werd ik wakker met mijn kleding nog aan en ik heb me nog nooit zo ellendig gevoeld. Ik heb tegen mam gezegd dat ik migraine had, maar het voelde bijna alsof ik flauw zou vallen, zo brak was ik. Ik heb echt veel te veel gedronken, blijkbaar, gisteren. Alleen weet ik dat dus ook niet meer…'

'Tab,' zeg ik zachtjes, 'weet je dan ook niet meer dat je zei dat jij en Dox… nou ja, dat jij en Dox het met elkaar gedaan hebben in de tuin?'

ALAIN

Eline komt terug uit de tuin met haar telefoon in de hand. Ze ziet er verbijsterd uit.

'Nou ja, zeg! Tabby weet gewoon helemaal niets meer van gisteravond! Dat, of ze prankt me! Ze wist niet eens meer dat ze vannacht zei dat zij en Dox all the way met elkaar zijn gegaan.'

We zitten samen op de bank naar *The Voice* te kijken. Ik zet het geluid uit.

Eline kijkt me aan en schudt haar hoofd. 'Ik snap er niets van. Zoiets vergeet je toch niet? Of zou ze het verzonnen hebben? Of neemt ze me nu in de maling? Maar waarom zou ze dat doen?!'

Ik moet een beetje lachen. Meiden kunnen altijd zo ver doordenken over van alles en nog wat.

'Het is wel gebeurd, hoor. Dat zei Dox gisteren ook nog tegen mij.'

'Echt?! Waarom heb je dat niet verteld?'

'El, dat soort dingen... ik ga jou toch niet vertellen of mijn beste vriend een meisje gefixt heeft op een feest. En volgens Dox stelde het eigenlijk niet zo veel voor.'

Eline kijkt me verrast aan. 'Ik denk dat het voor Tabby wel wat voorstelde. Nou ja, ze herinnert het zich nu niet, maar Tabby is niet het soort meisje dat zomaar met iemand naar bed zou gaan.'

Ik haal mijn schouders op. 'Dox wel. Dat boeit hem allemaal niet zo.'

'Maar hij en Merel zijn toch nog niet echt uit elkaar? Ze hebben toch een time-out?'

Ze gaat aan de andere kant van de bank zitten en kijkt me aan. Ik kijk naar het moedervlekje bij haar lip en haar grote ogen. Ergens doet ze me altijd denken aan een hert.

'Ja, dat geloof ik wel.'

'Zou jij dat doen? Als we een time-out zouden hebben? Met een ander meisje naar bed gaan?'

'Nee. Ik ben Dox niet.' Ik leun naar voren en streel haar wang. 'En wij hebben geen time-out. En ik weet ook niet wat de afspraken zijn die hij en Merel met elkaar gemaakt hebben. Of ze in de tussentijd wel wat met anderen mogen doen.'

'Denk je dat Dox en Merel weer bij elkaar komen?'

'Geen idee. Met Dox weet je dat soort dingen nooit. En trouwens, als Tabitha zo veel gedronken heeft dat ze zich niets herinnert, kan ze ook niet weten dat Dox en zij het met elkaar hebben gedaan.' Ik trek Eline tegen me aan en zoen haar haren. 'Mmm. Je ruikt echt lekker. Hoe laat komen je ouders thuis?'

'Rond elf uur.' Eline lacht en nestelt zich tegen me aan. 'Je hebt gelijk. Dat kan Tabby zich dan ook niet herinneren. Toch raar dat ze dat gisteravond zo overtuigend zei. En ze weet dus gewoon helemaal niets meer! Dat geloof je toch niet?'

‘Dan heeft ze echt wel megaveel drank op. Hmmm, maar als jouw ouders pas rond elf uur thuiskomen… het is nu negen uur. Dan hebben we dus nog alle tijd.’ Ik laat voorzichtig mijn hand langs haar rug glijden. ‘Ik verlang echt naar je…’ fluister ik in haar oor.

Eline trekt haar hoofd terug en kijkt me aan. ‘Ik heb een beetje hoofdpijn en ben moe van gisteren. Ik heb niet zo’n zin.’

Ik kreun en grom en kus haar op haar haren. ‘Grrr! Echt niet?’

‘Echt niet,’ zegt Eline. ‘Sorry.’

‘Oké.’ Ik laat me met een dramatisch gebaar achterover tegen de bank vallen. ‘Tease,’ zeg ik en ik knipoog. ‘Grrr! Luizen. Bedorven banaan. Jansen van biologie. Zure melk.’

‘Wat doe je?!’ Eline kijkt me lachend aan.

‘Mijn aandacht van jou af halen en aan heel vieze dingen denken. Dat helpt.’

Ze moet keihard lachen en leunt dan weer tegen me aan. ‘O, die kandidaat schijnt supergoed te zijn!’ Ze wijst naar een vrouw die bij *The Voice* op het punt staat haar auditie te doen. ‘Ssst. Ik wil luisteren!’

Ik haal diep adem en leun met mijn kin op haar hoofd. Ik heb echt wel zin om meer te doen, maar als er één ding is dat ik nooit zou doen, is het mijn zin doordrijven. Mijn ouders hebben me altijd geleerd om iedereen met respect te behandelen. Om grenzen te respecteren. Ze hebben me geleerd dat niemand recht heeft op het lichaam van een ander. Hoe graag ik ook zou willen nu.

Ik zoen Elines haren nog een keer en dan kijken we naar de auditie.

TABITHA

Ik staar naar het plafond van mijn slaapkamer. De woorden van Eline dreunen al de hele avond na in mijn hoofd.

Weet je dan ook niet meer dat je zei dat jij en Dox... nou ja, dat jullie het met elkaar gedaan hebben in de tuin?

Dox?! Ik?! Ik kan het me niet voorstellen! Ik heb nog nooit seks met een jongen gehad. Gezoend, dat wel. Maar ik kan niet geloven dat ik echt iets met Dox gedaan heb. Dat zou ik toch moeten weten dan?! En in een tuin? Ik kreun en verberg mijn gezicht in mijn dekbed. Dat kan toch niet waar zijn?!

Hoe kan het dat ik niets meer weet van gisteravond? Het moet een vergissing zijn! Maar Eline zei dat ik het tegen haar verteld heb, vannacht. En vijf uur vanochtend pas thuis?! Ik begrijp er niets van. Wat weet ik nog meer allemaal niet?! Het is een vreselijk gevoel om me zo weinig te herinneren. Ik onderdruk een vlaag van paniek.

Ik weet dat ik met Dox apart ging zitten om wat te drinken. En ook nog wel dat we gezoend hebben. Maar de rest is weg. Ik ken Dox helemaal niet goed, dus ik kan me niet voorstellen dat er meer is gebeurd.

Misschien riep ik dat alleen maar. Ik heb Dox' telefoonnummer ook niet, anders kon ik hem appen.

Ik zou hem op Instagram een privébericht kunnen sturen. Maar wat moet ik dan zeggen? 'Hoi, het schijnt dat we gisteren wat gedaan hebben maar ik weet niet meer wat'? Nee, natuurlijk niet. Dat klinkt echt idioot. Ik schud mijn hoofd.

Tabs, rustig aan, spreek ik mezelf toe. Als jij je niet meer herinnert wat er gebeurd is, dan is de kans dat anderen het wel weten klein. Misschien riep ik maar wat. Ik zou het toch zeker zelf nog wel weten als ik het met Dox had gedaan? Dus kan ik het maar beter gewoon vergeten. Ik voel me enorm moe. Mijn lichaam is duidelijk nog niet helemaal hersteld van al die drank. Op mijn telefoon zoek ik Netflix op, ik zet *Gossip Girl* aan en val na een kwartier in slaap.

JOB

Ik kijk opnieuw naar het filmpje dat ik gisteravond op het feest bij Dox heb gemaakt. Het was echt een bizarre avond. Ik snap niet dat zijn ouders niet in de gaten hadden hoeveel iedereen stiekem dronk, en dat Jochem en Abdul achter in de tuin aan het blowen waren. En volgens mij hadden Steef en Mo een pilletje op, die waren zo opgefokt.

Ik zou nooit zo'n soort feest mogen geven. Dat kan trouwens niet eens, hier op de vijfde verdieping. Er passen net zes mensen op het balkon en die ouwe van hiernaast zou onmiddellijk de politie bellen vanwege geluidsoverlast. Hij zegt dat hij doof is, maar daar merken we niets van. Zodra de muziek ook maar even wat harder gaat, bonkt hij al op de muur.

En daarom was het feest bij Dox zo fijn. We zijn niet echt heel goede vrienden of zo, maar hij had me wel uitgenodigd. Dox is een beetje de zilverrug van de vijfde klas. Wat hij wil, gebeurt ook. Iedereen wil Dox zijn. Net zoals bij gorilla's de zilverrug de onbetwiste baas van de groep is.

Gisteravond had ik met mijn telefooncamera door de tuin gezworven. Ik wilde filmen hoe gaaf het feest was en toen, in de buurt van een tuinhuisje aan de zijkant, had ik geluiden gehoord die overduidelijk waren. Gekreun en gehijg. Grijnzend was ik zo stil als ik kon naar het tuinhuis geslopen en had om het hoekje gekeken. Ik herkende Dox. Hij lag boven op een meisje. Ik zag niet wie het was, haar gezicht was enigszins weggedraaid, maar ze had donkere krullen. Het was lastig te zien wat er precies aan de hand was, of het meisje Dox nou probeerde weg te duwen of juist naar zich toe trok. Ik had mijn telefoon, die nog steeds aan het filmen was, op hen gericht. Het meisje zei iets wat ik niet helemaal goed verstond.

Later op de avond had ik het meisje gezien. Het was een van de meiden die in een lagere klas zaten en volgens mij was ze bevriend met Eline, de vriendin van Alain. Ze was vreselijk dronken en toen we allemaal weggingen, rond half vijf in de ochtend, was ze flink gevallen, maar zelfs dat leek ze niet te voelen, want ze had keihard gelachen.

Ik open WhatsApp. Dit filmpje vindt Stijn, een van mijn beste vrienden, vast lachen. Hij en ik sturen elkaar altijd allerlei soorten filmpjes en foto's. Je ziet toch niet goed wie het zijn, op dit filmpje, want het was best donker gisteravond.

Gisteravond feestje bij Dox gehad... was een wild feest!

Het duurt niet lang voor Stijn reageert.

WTF?! Haha! Serieus?! Dat is toch Dox? Wie is dat grietje?

Geen idee hoe ze heet. Ze zit in de vierde. Dox had het wel naar z'n zin, haha! Dat is nog eens een achttiende verjaardag.

Dat meisje is echt straalbezopen, geloof ik.

Haha!

We appen nog wat en dan zet ik mijn PlayStation aan. Mijn vader zit met een vriend in de kroeg, dus die komt vast niet terug voor twee uur vannacht. Ik pak nog een zak chips erbij, en start *Call of Duty* op.

TABITHA

'Shit, ik kom te laat!'

Mijn broer zucht en neemt een slok sap uit een pak.

'Luke, kom op, pak een glas. Zo ranzig als je uit een pak drinkt! En jij zou de vaatwasser inruimen. Moet je nou zien!' Ik wijs op de troep op het aanrecht. 'Mam komt straks thuis en dan is het zo'n bende… Ze heeft ons nog gevraagd het een beetje netjes te houden.'

Luke kijkt me verontschuldigend aan. 'Ik moet echt zo naar school, want ik heb die werkgroep en als ik niet kom opdagen, zit ik in de problemen. Zou jij dit willen doen? Please? Trakteer ik je komende week op een brownie.' Hij schudt het pak om te horen of er nog wat in zit en gooit het dan in de afvalbak.

'Ik moet ook gewoon naar school, hoor,' mompel ik. Maar eigenlijk weet ik niet zo goed of ik wel zin heb… Er is natuurlijk een kans dat ik Dox tegen het lijf loop. En ik weet nog steeds niet wat er vrijdagavond allemaal gebeurd is. Wat ik gedaan heb. Of ik iets met hem gedaan heb? Het maakt me onrustig.

'Maar jij staat er goed voor,' zegt Luke en hij grijnst. Hij haalt me uit mijn gepieker. 'Jij hebt beauty én brains, sis.' Het is onmogelijk boos op Luke te zijn. Met zijn prachtige bos krullen, zijn warme bruine ogen en vrolijke lach komt Luke overal mee weg.

'Luke, ik zit wel ergens mee...' Ik zet wat bekers in de vaatwasser. 'Je mag dit niet tegen mama vertellen, beloof me dat.'

'Ik heb niet veel tijd, hè...'

'Even kort dan. Ik schijn vrijdagavond bij dat feest nogal... dronken te zijn geweest.'

Luke grinnikt. 'Goh. Nou, daar merkte ik niets van, zaterdag. Tab, als iemand een aansteker bij je had gehouden, was je de lucht in gevlogen van de alcohol. Echt, alleen al van het inademen van jouw lucht werd ik aangeschoten.'

'Even serieus, Luke. Ik was zo dronken dat ik... misschien dingen heb gedaan die ik me niet herinner.'

'Haha, lekker bezig, Tab! Heb je aan de lampen gehangen daar? Ben je door een duur schilderij heen gevallen? Heb je een erfstuk laten vallen? Dat moet geen probleem zijn bij Dox thuis. Die zwemmen in het geld.' Luke pakt ondertussen wat brood en smeert er pindakaas op.

'Eh, dat weet ik dus niet. Maar ik denk dat het... met een jongen te maken heeft.' Ik kijk hem niet aan. 'Ik schijn iets tegen Eline gezegd te hebben. En ik ben blijkbaar gevallen, maar daar weet ik niets meer van. Alleen heb ik wel blauwe plekken en voel ik me echt behoorlijk beurs. Overal eigenlijk...' Ik zucht. 'Ik weet dus niet wat er gebeurd is.'

Luke kijkt me aan en begint keihard te lachen. 'Serieus?! Dan was je echt van de wereld. Het kan, hè! Ik weet nog wel die ene keer dat

Ties te veel gezopen had en daar echt niets meer van wist. Hij heeft toen alle tuinkabouters uit de tuintjes in de wijk gejat en bij hemzelf in de voortuin gezet. Zijn ouders wisten niet wat ze zagen, de volgende dag. En de politie kwam de kabouters weer ophalen. Wist Ties zich niets van te herinneren, dat hij dat allemaal gedaan had. Dus ja, zo'n black-out kan, blijkbaar... Maar ik heb nu geen tijd meer. Ik moet gaan. Succes. Later!'

Luke loopt de keuken uit met de boterhammen in zijn hand.

Vijf minuten later heb ik de vaatwasser ingeruimd. Ik pak mijn spullen, check nog een keer mijn make-up en loop naar de schuur.

Shit. Mijn fiets is er niet. Dan bedenk ik me opeens dat die nog bij Dox staat. Verdomme! Vergeten. Ik vloek hardop. Er staat alleen nog een oude fiets die ooit van mijn vader was. Gelukkig zit hij niet op slot. Dat oude barrel wil niemand jatten. Ik zie wel dat de achterband zacht is. Ik zucht en pak de fietspomp.

Nu moet ik Dox wel opzoeken op school, denk ik, terwijl ik nijdig de band oppomp.

Shit.

DOX

'Hai, Meer.' Ik sta bij mijn kluisje en kijk zijdelings naar Merel. Ze heeft haar oortjes in en haalt er eentje uit. Een rossige lok hangt speels langs haar bleke wang. Ze heeft sproeten op haar gezicht en armen. Ik mis haar eigenlijk wel. Misschien hebben we er te haastig een punt achter gezet. Hoe gaaf het feest ook was, na afloop had ik wel gebaald dat ik het niet met haar kon delen. 'Hoe was je weekend?'

Ze kijkt op en ik kijk in haar lichtblauwe ogen. De kleur van bevroren ijs op de Noordpool. 'Prima.' Ze slaat haar kluisje vrij hard dicht. 'Dat van jou ook, begrijp ik.'

'Eh, ja, het feest was leuk. Maar...' Ik kijk om me heen. Het is redelijk rustig in de hal. '... ik miste je wel.'

'O?' Ze kijkt me aan. 'Jij hebt je anders prima vermaakt, heb ik begrepen.'

Mijn hart begint sneller te slaan. Heeft ze gehoord wat er tussen dat grietje en mij is voorgevallen? Hoe heet ze nou? Clarissa? Anika? Tabitha! Dat was het.

'Wat bedoel je? Ik... ik meen het, Merel, ik mis je echt! Kunnen we ergens praten? Na school? Mijn feest was niet compleet, zonder jou...'

Merel bijt op haar lip en houdt haar tas dichter tegen zich aan, alsof ze er steun in zoekt.

'Ik...' Ze zucht. 'Ik denk er even over na.'

'Oké, fijn,' zeg ik. Merel heeft zich al omgedraaid en loopt weg zonder om te kijken.

'Hé, man, geweldig feest!' Job loopt voorbij en slaat op mijn schouder.

'Ja, was wel een goed feestje.' Ik grinnik en pak mijn tas. 'Later, man. Ik moet even naar de mediatheek.'

Het was inderdaad een geweldig feest, denk ik en ik loop op m'n gemak door de gang. Ook pap en mam hadden het een gezellige avond gevonden.

Ik wil net de hal naar de mediatheek in lopen, als Tabitha me opeens tegemoetkomt. Ze loopt met Eline en lacht om iets. Dan kijkt ze op en ziet mij. Ze wordt vuurrood en Eline gluurt ongemakkelijk van haar naar mij.

'Hoi,' zeg ik en ik schraap mijn keel.

'Eh, ik loop even door, Tab. Ik zie je zo in het lokaal.' Eline knikt even naar me en loopt dan gehaast verder.

Tabitha staat voor me. In het daglicht zie ik hoe mooi ze is. En hoe jong... De wilde krullen en groene ogen, waarmee ze me onzeker aankijkt. De uitnodigende mond. Ik zie haar lichaam weer in een flits voor me.

'Hoi,' zegt ze dan. 'Mijn eh... mijn fiets staat nog bij jou.'

'O? Ja, dat is waar! Er zijn een paar fietsen achtergebleven, haha.

Nu weet ik het weer. Je was gevallen en er zat een slag in je wiel. Ben je goed thuisgekomen?’

Ze knikt. Haar ogen schieten heen en weer. Dan gaat de zoemer. ‘Kan ik mijn fiets vandaag of zo ophalen? Ik… hij moet naar de fietsenmaker. En anders duurt dat zo lang.’

‘Prima. Kom vanavond maar langs.’

‘Oké.’ Ze ontwijkt mijn blik en wil doorlopen. Dan bedenkt ze zich. ‘Ik…’ Ze wordt nu nog roder. ‘Ik was nogal dronken en ik weet niet echt meer… Eline zegt dat ik… Dat wij…’ Ze kijkt me aan en zucht. ‘Laat maar. Ik kom anders te laat bij economie. Ik zie je vanavond.’ Tabitha draait zich om en loopt weg.

TABITHA

Mijn hart klopt in mijn keel als ik de straat waar Dox woont in loop. Ik moet straks ook weer teruglopen met mijn fiets, want met die slag in het wiel kan ik er vast niet op fietsen.

Ik was vanochtend op school enorm geschrokken toen ik Dox opeens tegen het lijf liep. Gelukkig deed hij vrij normaal. Misschien is er gewoon niets gebeurd tussen ons. Vrijdag is nog steeds een bizar gat in mijn geheugen. Toch ga ik het vragen. Ik móét het weten.

Als ik aanbel trillen mijn benen een beetje. De moeder van Dox doet open. Ze kijkt me vriendelijk aan. 'Ja?'

'Ik eh… mijn fiets staat nog hier van vrijdagavond,' stamel ik. 'En ik zou hem ophalen.'

'O, ik zal Dominique even roepen.'

Even vraag ik me af wie Dominique is. Misschien haar man. De naam komt me vaag bekend voor. Wie zei dat nou ook alweer, dat hij Dominique heette? Wacht, was dat niet Dox? Het is een flashback van een microseconde, lijkt het, maar ik zie mezelf zitten met Dox. Dan is het beeld weer weg. Dox' moeder loopt voor me uit en wenkt me.

‘Kom gerust binnen, hoor. Hij is boven, ik haal hem wel.’

Ik blijf in de hal staan, terwijl ze de trap op loopt.

Na een minuut komt Dox naar beneden gesprint. ‘Hai, da’s waar! Jij zou je fiets komen halen. Ik was het alweer vergeten. Hij staat in de garage, loop maar mee.’

Ik weet niet of ik nou teleurgesteld ben dat hij vergeten was dat ik kwam, of niet. Ik loop achter hem aan, door het huis, naar een deur in de bijkeuken. Het is echt een heel groot huis en het lijkt wel op een luxe hotel. Bewonderend kijk ik om me heen. Vrijdag ben ik niet binnen geweest. Er hadden mobiele wc’s in de tuin gestaan, zodat niemand naar binnen hoefde.

Dan zijn we in de garage. Er staan ongeveer acht fietsen tegen een muurtje en ik herken de mijne ertussen.

‘Er zijn meer mensen die hun fiets hebben laten staan…’ Dox knipoogt. ‘Welke is van jou?’

‘Die rode,’ zeg ik en ik wijs naar een wijnrode omafiets. Dox duwt twee andere fietsen weg en pakt dan die van mij.

‘Oef. Flinke slag in je wiel, dat voel ik gelijk. Maar ik denk wel dat het lukt om hem mee te nemen. Ben je met de auto?’

Ik moet lachen. ‘Nee. Ik ben gewoon komen lopen. Ik ben nog maar zestien, hè?’

‘O ja, da’s waar. Je was nog geen achttien.’ Hij knipoogt.

Ik kijk weg. ‘Nee. Eh, ik heb nog wel een vraag. En ik weet dat dit waarschijnlijk echt heel stom gaat klinken, ik hoop dat je het er verder met niemand over wilt hebben…’ Ik schraap mijn keel en kijk Dox aan. Ik voel de hitte naar mijn gezicht stijgen.

‘Wat?’

Ik haal diep adem en begin dan schaapachtig te lachen. Ik voel me best dom. 'Oké. Eh, ik had nogal veel gedronken vrijdag...'

Dox lacht. 'Ja, wie niet...'

'... en ik weet er dus niet zo veel meer van. Ik... dit is echt zo suf... Ik heb tegen Eline gezegd dat jij en ik... het gedaan zouden hebben.' Ik kijk naar mijn nagels. Het voelt opeens bloedheet in de garage.

Het blijft stil. Dox lijkt niet te weten hoe hij moet reageren.

'Hoe bedoel je?' Zonder te lachen kijkt hij me aan.

'Ik heb blijkbaar tegen Eline gezegd dat jij en ik... het punt is dat ik niets meer weet van afgelopen vrijdag. Nou ja, flarden. Dat ik wat met je ging drinken ergens bij een schuur of zo? Maar verder... ik herinner me nog vaag dat ik gedanst heb. Toen ik gisteren een nummer op de radio hoorde, zag ik mezelf opeens staan dansen in je tuin. Maar buiten dat... niets. Niet eens dat ik gevallen ben, schijnbaar. Ik had wel wat blauwe plekken en deze fiets hier is natuurlijk niet uit zichzelf kapotgegaan. Maar ik weet het niet meer. Zo stom! Het komt misschien nog wel terug, maar ik ben dus een stukje kwijt...'

Ik kijk omlaag naar mijn sneakers en duw met de neus een klein kiezeltje weg dat op de grond ligt.

Dox begint ineens te lachen. 'Shit, echt? Je weet niets meer? Had ik je toch die fles prosecco niet moeten laten drinken!'

Ik kijk geschrokken op. 'Een hele fles?'

'Twee.' Hij lacht en schudt zijn hoofd, alsof hij het niet kan geloven. 'Je had praktisch in je uppie al een hele fles op en stond erop dat ik nog een tweede fles ging halen. Dus je weet niets meer?'

Ik voel me vreselijk opgelaten.

'Niet echt, nee,' mompel ik. 'Maar ik moet weten of wij... of er iets...'

'Relax,' zegt Dox lachend en hij trekt me opeens naar zich toe. Mijn wang leunt tegen zijn schouder. Ik ruik zijn geur en voel zijn armen om me heen. En opeens krijg ik een flashback. Dox die op me ligt. Een onprettig gevoel. Ik maak me los uit zijn omhelzing.

'We hebben gezoend. En ja, wat gerotzooid. Het... stelde niet zo veel voor.' Dox glimlacht. 'Dus relax, kleintje.'

De lucht wordt opeens benauwd, lijkt het. Ik sluit even mijn ogen. 'Dus we hebben... hét niet gedaan?'

'All the way, bedoel je? Nee.' Dox lacht bijna opgelucht. 'Nee joh, jij was echt te dronken.'

Ik kijk weg. 'Gelukkig maar...' zeg ik zacht. 'Ik... ik weet dat het suf klinkt, maar als dat mijn eerste keer zou zijn, zou ik dat echt klote vinden.'

'Je was nog maagd?' Dox haalt een hand door zijn haren en fluit even tussen zijn tanden. 'Shit. Nou, eh... gelukkig is er niets gebeurd. We hebben wat aan elkaar gezeten. Meer niet. En blijkbaar,' hij knipoogt, 'maakte ik niet veel indruk op je.'

Nu voel ik me echt ongemakkelijk. 'Sorry.' Ik lach schaapachtig.

'No worries. Het blijft tussen ons, wat er gebeurd is. Dat is voor iedereen beter.'

'Ja, je hebt gelijk. Hier moeten we het niet meer over hebben. En nogmaals sorry. Dat ik zo straalbezopen was blijkbaar en zo.'

'Geeft niet. Daar was het een feestje voor.'

Ik pak mijn fiets en Dox duwt op een knop waardoor de garagedeur opengaat. Het licht stroomt naar binnen.

Ik kijk naar hem. 'Dank je wel, dat het tussen ons blijft.' We omhelzen elkaar even.

'Ik zie je wel weer een keer op school.' Hij lacht en zoent me op mijn wang.

Met een big smile op mijn gezicht loop ik de straat uit met mijn fiets. Het kan me eigenlijk al niet eens meer schelen dat er een slag in het wiel zit.

MEREL

In mijn handtas zoek ik mijn lipgloss. Ik ben even van het fietspad af gegaan naar de stoep en pak mijn telefoon, die trilt. Het is Liza, mijn beste vriendin. Ik neem op en kijk ondertussen naar de stadsbussen die voorbijrijden.

'Ha, vriendin.' Ik lach.

'Dus je gaat naar Dox? Weet je het zeker?' Liza is nooit van de lange inleidingen geweest.

'Ik kan in ieder geval luisteren naar wat hij te zeggen heeft.'

'Wat kan hij nou te zeggen hebben? Dat hij dit weekend op z'n feest iets met een of ander meisje deed?' Liza is nooit een fan van Dox geweest.

'Misschien hebben ze alleen geflirt en zo. Dat kan. We hebben tenslotte een soort time-out. Ik wil het gewoon van hem horen.'

Natuurlijk had ik de geruchten gehoord. Dox had zo veel mensen uitgenodigd die ik ook ken, en ik had echt wel gehoord dat hij en een of andere domme chick uit de vierde de hele avond om elkaar heen hadden gehangen. Ik was hartstikke jaloers geworden toen ik de geruchten had gehoord.

‘Weet Dox dat je komt? Volgens Stijn heeft Dox wel wat meer gedaan dan flirten, schat.’

Ik blijf een paar tellen stil. Stijn, Liza’s tweelingbroer, zit bij mij in de klas en voor zover ik weet, was hij ook niet op dat feest.

‘Nee, Dox weet niet dat ik langskom. Maar hoe weet Stijn dat nou weer? Hij was er vrijdag toch niet bij?’

Ze blijft even stil. ‘Nee. Maar… nou ja, een vriend van hem wel. En die heeft iets gezien, zegt Stijn. Het was meer dan flirten, als ik Stijn goed begrepen heb. Maar verder wil hij me niets vertellen.’

De knoop in mijn buik wordt verder aangetrokken. ‘Nou, dat zegt genoeg: Stijn was er niet zelf bij,’ zeg ik koppig. ‘Maar ik ga hangen, want ik wil vanavond op tijd voor de buis zitten voor *First Dates*. Spreek je later wel, als ik bij Dox ben geweest.’

Ik hoor Liza zuchten. ‘Oké. Maar zeg niet dat ik je niet gewaarschuwd heb.’

Als we opgehangen hebben, blijf ik twijfelend staan.

DOX

Merel staat midden op de weg stil met haar fiets. Ik kijk verrast haar kant uit. Ik had haar helemaal niet verwacht en ik steek mijn hand op, waarna ik naar haar toe loop.

Even lijkt het erop dat ze weg wil fietsen. Ze kijkt me kwaad aan.

'Hai! Wat doe jij hier?' vraag ik lachend.

'Dus toch...' Ze schudt haar hoofd en haar mond is verbeten. 'Jij en dat grietje!'

Ik wrijf met mijn hand in mijn nek. 'Wat? Tabitha? Nee, dat... ze kwam haar fiets ophalen. Die had ze laten staan.'

'Lul niet, ik zag jullie elkaar omhelzen.' Ze spuugt de woorden er bijna uit.

'Dus? Dat betekent toch niets? Jij omhelst Alain toch ook als je die gezien hebt?'

Ze kijkt boos weg.

'Kom op, Merel, doe niet zo. Tabitha kwam haar fiets halen. Dat is alles. Ik ben blij dat je er bent. Kom je binnen?'

'Liza zegt dat jij en die Tabitha op jouw feest van alles gedaan hebben. Geflirt en zo. En misschien wel meer.'

Ik duw mijn handen in mijn zakken. 'Wat wil je nou? We hebben een time-out. Ja, die Tabitha was er vrijdag en ja, ik geloof dat we geflirt hebben. Misschien zelfs gezoend. We waren bezopen. Maar jij en ik hebben een break. En ik ben geen monnik, hè.'

'Dat we een break hebben, wil niet zeggen dat ik het oké vind dat je met anderen zoent! De time-out was bedoeld om allebei de ruimte te krijgen om na te denken over wat we verder willen. Niet om meteen met anderen te gaan rotzooien!' Merel wil op haar fiets stappen en wegrijden, maar ik pak haar stuur vast.

'Kom op, Meer, doe eens rustig. Je bent hierheen gekomen om met mij te praten, en ja, dan zie je Tabitha wegrijden en trek jij allerlei conclusies. Dat is niet nodig.' Ik slik. Ik weet ook echt wel dat ik haar nu niet de hele waarheid vertel, maar verdomme, een time-out is een time-out en geen halve relatie. 'Goed, Tabitha en ik hebben gezoend op mijn feest. Ze liet me niet met rust. In een opwelling heb ik haar gezoend, maar zij begon. Ze heeft geprobeerd me te verleiden tot meer, maar dat wilde ik niet. Ik heb haar weggeduwd. Het betekende niets. Kom op, schatje.' Ik kijk haar smekend aan. 'Je ziet dingen die er niet zijn. En wat anderen zeggen te hebben gezien… dat is bullshit. Iedereen was katjelam die avond, ik denk dat niemand zich nog veel herinnert.'

Dat Tabitha zich van vrijdagavond niet veel meer herinnert, is een geschenk. Ik ben er ook niet echt trots op, dus het komt prima uit dat ze het zelf niet meer weet. Het liep gewoon allemaal een beetje uit de hand. Maar dat hoeft niemand te weten en zeker Merel niet. En als

Tabitha het ook niet meer weet, is dat des te beter. Dan is het net alsof het niet gebeurd is.

'Ik lieg niet.' Ik laat mijn hand op haar wang rusten en dan zoen ik haar zacht op haar lippen. 'Je kunt me vertrouwen.'

Merel glimlacht een beetje. Dan slaat ze met haar vuist op mijn arm. 'Je bent echt een idioot, weet je...' Maar ik zie aan haar dat ik haar weer teruggewonnen heb en haal opgelucht adem. 'Die Tabitha... die naam ga ik nooit meer horen, begrepen?'

'Begrepen,' mompel ik in haar haren.

MEREL

Op weg terug naar huis besluit ik Liza te bellen.

'Meer, hoe ging het gesprek?' Zo neemt ze op.

'Ja, ook hoi.' Ik moet lachen. 'Ik kom net bij hem vandaan. Het was echt goed dat ik met Dox ben gaan praten. Er is gewoon niets gebeurd. Dat meisje, die Tabitha, heeft zich redelijk opgedrongen aan hem en toen hebben ze gezoend. Meer niet. Ik ben echt happy! Ik heb Dox gemist en...'

'Merel, kun je nu meteen langskomen? Er is iets wat je moet weten.'

Het klinkt dringend. 'Wat dan?'

'Kom alsjeblieft gewoon even langs. Ik kan het niet aan de telefoon uitleggen. Tot zo.'

'Ja, maar...' Ik zucht. Liza heeft al opgehangen.

Het is bijna tien uur, zie ik. Ik sla de weg in richting Liza's huis. Glimlachend denk ik aan hoe fijn het zojuist toch weer was om bij Dox te zijn. We hadden samen met een drankje in de tuin gezeten. Zijn moeder was ook blij dat ik er weer was.

Ik merkte wel dat ik eigenlijk niet te veel over het feest wilde horen, omdat ik er niet bij was geweest. Ik werd er onrustig van en had Dox gezegd dat ik er niet over wilde praten. In plaats daarvan hadden we het over de zomer gehad. Dox had gesuggereerd dat we misschien wel samen ergens heen konden gaan.

Ik zet de fiets neer in Liza's voortuin en bel aan. Ze doet vrijwel meteen open.

'Fijn dat je er bent!' Ze omhelst me even. 'Ik moet je wat vertellen. Of liever, Stijn moet je wat vertellen.'

Stijn?! Ik weet dat Liza's broer mij meer dan leuk vindt, maar ik kan me niet indenken dat hij Liza zou vragen om me hier uit te nodigen zodat hij dat kan zeggen.

'Hoe was het bij Dox?'

'Eh, prima. We hebben een goed gesprek gehad,' zeg ik dan. 'Er is niets gebeurd op dat feest, zegt hij. Die... Tabitha probeerde hem te versieren. Hij is daar niet echt in meegegaan.'

'Tabitha is toch dat meisje uit de vierde, met die donkere krullen? Ze ziet er een beetje exotisch uit.' Liza schenkt warm water in twee mokken en hangt er een theezakje in.

'Ja. En ik zou het eerder sletterig noemen.' Ik ga op een keukenstoel zitten.

Liza neemt tegenover me plaats. Ze lijkt in gedachten verzonken.

'Meer, ik denk dat Dox liegt. Er is wel iets gebeurd met dat meisje. Ik heb daarnet met Stijn gesproken en hij weet het zeker.'

Ik voel een knoop in mijn maag. 'Wat bazel je nou? Stijn was niet eens op dat feest!'

'Nee, maar Job wel. Zijn beste vriend. Job heeft iets gezien.'

'Serieus?! Meen je dit nou? Iedereen kan wel zeggen dat ze iets gezien hebben, Lies. Echt, wat een fokking gezeik allemaal! Volgens mij ben jij gewoon jaloers dat Dox en ik weer samen zijn! Bang dat ik straks als we op kamers wonen geen tijd voor je heb of zo. "Stijn zegt dat Job zegt dat..."' Ik kijk haar kwaad aan. 'Hoor je jezelf wel? Ik word schijtziek van iedereen die wat vindt! Als Dox zegt dat er niets gebeurd is, vertrouw ik hem. Waarom zou ik Stijn of Job of wie dan ook moeten geloven?' Ik wil het liefst weggaan nu, maar Liza kijkt me indringend aan.

'Er is een filmpje, Merel. Ik heb het niet gezien, maar Stijn zegt het. Alles staat op een filmpje!'

Ik voel het bloed wegtrekken uit mijn gezicht. 'Een... wat?!'

Een paar minuten later zit Stijn aan de tafel. Hij kijkt met een wanhopige blik naar Liza.

'Je zou je mond houden,' zegt Stijn. Liza haalt haar schouders op en kijkt hem verontschuldigend aan.

'Sorry. Merel is mijn beste vriendin en ze heeft er recht op te weten wat Dox gedaan heeft. Hij heeft tegen haar gezegd dat er niets gebeurd is.'

Mijn benen voelen aan als rubber.

Nu haalt hij diep adem en zet zijn handen in zijn zij.

'Verdomme, Lies.' Hij kijkt Liza aan. 'Weet je, Job is mijn vriend. En nu vraag je me om iets wat Job mij in vertrouwen stuurde, te laten zien.'

'Hoe bedoel je? Heb jij dat filmpje zelf dan?' Ik kijk Stijn aan. Hij kijkt weg.

Stijn wordt rood en ik voel mijn ademhaling versnellen. Heeft Dox echt gelogen? En is daar een filmpje van?

‘Ik kan het niet laten zien. Het is nogal… het lijkt me niet fair naar dat meisje toe.’

‘Wie?’ Ik kijk Stijn indringend aan.

‘Dat meisje in die video.’

‘Tabitha.’ Ik vraag het niet eens. Stijn knikt.

Nu spugen Liza’s ogen vuur. ‘Je kunt niet A zeggen en dan geen B. Jij hebt een filmpje, ik wil het zien! En anders…’ Liza leunt voorover, ‘vertel ik pap en mam waar jij je voorraadje wiet hebt liggen. Onder je hoodies.’

‘Fok jou, Lies.’ Stijn kijkt haar kwaad aan. ‘Dan vertel ik ze dat jij laatst twintig euro uit mama’s portemonnee hebt gehaald!’

‘Zeg niet dat ik jullie niet gewaarschuwd heb,’ gaat hij dan verder. ‘Het zijn geen fijne beelden.’

Hij pakt zijn telefoon en toetst zijn pincode in. Stijn kijkt even op en onze ogen ontmoeten elkaar. Ik zie hoe lastig hij deze situatie vindt. Mijn hartslag is inmiddels verdubbeld. Ik weet opeens helemaal niet zo zeker of ik dit wel wil zien. En of het eerlijk is. Dox en ik hadden toch een time-out… kan ik het hem kwalijk nemen dat hij gezoend heeft met die Tabitha? Of heb ik geen recht van spreken? Is er echt meer gebeurd? Dat zou betekenen dat hij tegen me liegt. Ik wil het tegelijk wel en niet zien.

Stijn draait zijn telefoon tot wij het bevroren beeld zien. Dan drukt hij op het driehoekje en begint er een filmpje af te spelen.

Aanvankelijk zijn het gewoon shots van het feest. De verlichting in de tuin, de mensen. Ik slik, omdat ik er geen deel van uitmaakte maar Dox’ huis natuurlijk als geen ander hier ken. Dansende mensen, er wordt gelachen en dan loopt degene die het filmpje maakt de tuin verder in. Ik zie het niet zo goed meer. Het is donker en de video is zonder extra licht opgenomen.

'Zet je helderheid eens hoger,' zegt Liza. Net als ik staart ze ingespannen naar het scherm. Stijn verhoogt de helderheid zuchtend.

'En je zegt tegen niemand dat je dit filmpje bij mij hebt gezien, begrepen?' Hij kijkt Liza aan. Ze knikt zonder van het scherm op te kijken.

Ik voel me misselijk worden als ik de beelden duidelijker zie worden. Dox ligt op het bankje achter zijn moeders tuinhuisje. Hij ligt op een meisje. Hij trekt haar jurk omhoog en haar slipje uit. Ze duwt tegen zijn schouder, en ze zegt iets maar dat is nauwelijks te verstaan. Dan duwt Dox zich boven op het meisje en de rest van de beelden spreekt voor zich. Het meisje – ik zie haar gezicht niet goed, maar het is ongetwijfeld Tabitha – worstelt een beetje en duwt zo nu en dan tegen zijn schouder, lijkt het. Dox pakt haar polsen beet en houdt die naast haar hoofd vast.

Ik voel me enorm misselijk en leun achterover wanneer het filmpje voorbij is. Liza kijkt me aan en pakt mijn hand. Ze knijpt erin. 'Jee, Meer, wat klote voor je! Wat een leugenaar! Wat ga je nu doen?'

Ik laat me tegen de stoelleuning vallen.

Stijn ziet er erg ongemakkelijk uit. 'Zie je wel, ik had het je niet...'

'Jawel,' zeg ik zacht. 'Dank je wel. Ik ben blij dat ik het gezien heb. Ik wil het nog een keer zien,' zeg ik dan. Ik steek mijn hand uit. Stijn zucht en geeft me dan zijn telefoon. Uit mijn tas vis ik de oortjes die in mijn eigen telefoon zitten.

'Wat doe je?'

'Ik wil horen wat er gezegd wordt. Dox vertelde me dat zij zich aan hem opdrong. Ze zegt iets in dat filmpje, maar ik kan het niet goed verstaan. Ik moet het weten. Drong ze zich echt aan hem op?'

Ik plug de oortjes in, haal diep adem en klik dan op 'afspelen'. Ik zet het volume op maximaal.

De geluiden zijn misselijkmakend. Maar dan hoor ik het.

'... ik weet het niet... doe maar niet... nee...'

Ik klik op 'pauzeren' en scrol terug.

'... ik weet het niet... doe maar niet... nee...'

Alleen is het niet Dox die dit zegt, maar Tabitha. Ik trek mijn oortjes eruit en kijk Liza aan.

'Dank je wel dat ik het mocht zien.' Ik krijg de woorden maar net over mijn lippen. Dan druk ik op 'delen via AirDrop', open mijn telefoon en accepteer het filmpje op mijn eigen toestel. Stijn kijkt me gekweld aan.

'Wat doe je?! Als iemand erachter komt dat ik dit filmpje aan jou heb laten zien, dan...'

'Daar komt niemand achter, vanwege AirDrop.' Ik overhandig hem zijn telefoon weer. 'Nu wil ik dat jij het verwijdert.'

Stijn haalt diep adem en drukt dan op de prullenbak onder het filmpje. 'Zo goed?'

Ik knik.

Liza staart naar haar handen. 'Wat ga je doen? Wat ga je met dat filmpje doen?'

Ik duw mijn stoel naar achteren. 'Voorlopig niets. Ik ga naar huis. En nadenken over wat ik tegen Dox ga zeggen. Want het is duidelijk dat het over is tussen hem en mij.'

ELINE

Na school loop ik eerst naar de wc's. Ik moet echt nodig plassen en schiet een hokje in.

De deur naar de wc's gaat open en dicht. Geschuifel.

'Echt, die Van Leers zal ik niet missen als ik van school af ben. Wat een eikel is dat, zeg!'

'Echt wel. Even mijn make-up bijwerken, hoor. Ik heb Dox laten weten dat ik zo bij hem langsga.'

Ik hoor een kraan open- en dan weer dichtgaan.

'En wat zei hij?'

Ik spits mijn oren. Zei ze nou Dox?

'Hij weet niet waar ik voor kom.' Een diepe zucht. 'Ik zie er zo tegen op. Maar dat filmpje liegt niet. Hij wel. Verdomme, ik dacht echt dat ik hem kon vertrouwen, maar hij heeft gewoon keihard tegen me gelogen. Ik heb de hele nacht niet geslapen, weet je?'

'Snap ik. Echt klote voor je, Merel.'

Merel? De ex van Dox? Ik houd mijn adem in.

'Denk je... zou die Job het naar anderen gestuurd hebben?

Of alleen naar je broer?'

'Geen idee. Stijn en Job zijn natuurlijk wel echt matties van elkaar. Ik heb niet het idee dat Job nou zo veel echt goede vrienden heeft verder.'

'Ik droomde vannacht dat ik wraak nam op Dox... dat ik het filmpje verder verspreidde. Zodat iedereen kon zien wat een lul het is.'

Ik heb geen idee waar ze het over hebben. Stijn ken ik niet, Job ook niet echt, alhoewel ik meen dat Alain hem kent. De stemmen van de meisjes herken ik niet. Ik zou nu het hokje uit kunnen stappen, maar ik wil eigenlijk gewoon horen waar dit over gaat, dus houd ik me stil. Ik durf nauwelijks te ademen uit angst dat ze me ontdekken.

'Die Tabitha kan er ook niet echt iets aan doen. En als je dat filmpje verspreidt, is zij daar ook de dupe van, hè.'

Mijn adem stokt. Tabitha?! Filmpje?

'Nou en? Het is verdomme net een amateuristische pornofilm!'

'Dat valt wel mee, hoor. Ik bedoel, zo veel zie je nu ook weer niet. Je ziet ze seks hebben, maar het is behoorlijk donker. Ik zou het echt niet oké van je vinden als je dat filmpje doorstuurt. Jij zou ook niet willen dat zoiets van jou rondgaat.'

'Die bitch had van mijn vriend af moeten blijven.'

'Merel, jullie hadden een time-out! Jij was niet eens uitgenodigd voor dat feest!'

Er klinkt een diepe zucht.

'Ik ga erover nadenken,' hoor ik Merel zeggen. 'Kom, Liza, we moeten gaan.'

Ze lopen kletsend de wc's uit en ik laat langzaam mijn adem ontsnappen, terwijl ik mijn ogen sluit.

Tabitha. Ik moet haar spreken. Want er is dus een filmpje van haar en Dox.

TABITHA

‘Zeventig euro?!’ Mam kijkt op. ‘Om je fiets te maken?’

‘Ja, sorry, maar het hele voorwiel moest vervangen worden. De fietsenmaker zei dat hij die slag er niet uit kreeg.’

Mijn moeder trekt een gezicht. ‘Jeetje. Dat is best veel geld. Als je vader nou eens alimentatie zou betalen…’

Ik onderdruk een zucht. Ik wil het gewoon allemaal niet horen.

‘Hoe kom je nou ook alweer aan die slag in je wiel?’ Mam kijkt me kritisch aan. Ze strijkt ondertussen haar blouse, want ze moet zo naar Schiphol.

‘Na dat feest vorige week. Iemand… was dronken en fietste tegen me aan en daardoor knalde ik de stoep op.’ Mijn telefoon trilt ondertussen in mijn zak, maar ik weet dat mijn moeder zwaar geïrriteerd raakt als ik tijdens het praten op mijn telefoon zit. En ik heb haar hulp nu echt even nodig.

Het trillen stopt na een poosje.

‘Dan kun je die persoon die tegen je aan fietste misschien aanspreken en hem laten meebetalen,’ zegt mam en ze focust zich op de kraag, die ze gladstrijkt. 'Waarom zou ik daarvoor moeten opdraaien?'

Shit.

Mijn telefoon trilt weer. Ik weersta de neiging om te kijken wie het is.

'Ik… ik weet niet meer wie het was. Ik kende hem niet.'

Zwijgend zet mijn moeder het strijkijzer weg. 'Oké. Maar dan krijg je verder niets meer deze maand. Stuur me maar een tikkie.'

'Dank je wel, mam.' Ik geef haar een zoen op haar wang. Mijn telefoon trilt onophoudelijk en ik wil naar mijn kamer lopen om op te nemen.

'Tabby,' zegt mijn moeder opeens. Ik heb mijn hand al in mijn zak op mijn telefoon en haal hem er snel uit. Ik werp een blik op het scherm. Vijf gemiste oproepen en een paar appjes van Eline? Wat zou er zijn?! Zou het uit zijn tussen haar en Alain?

'Tabby,' zegt mijn moeder weer. Ik laat mijn telefoon weer in mijn broekzak verdwijnen. 'Er is iets wat ik wil vertellen. Ik heb…' Ze wordt rood en kijkt alsof ze zich betrapt voelt. 'Ik weet niet zo goed hoe ik dit zal zeggen.' Ze duwt een lok haar achter haar oren. Het valt me opeens op hoe ontzettend goed ze eruitziet. Haar ogen stralen en ze lijkt wel tien jaar jonger.

'Je bent verliefd!' Ik floep het eruit en ze begint te lachen.

'Is het zo duidelijk?'

'Ja, je straalt. Wat superfijn voor je!' Met heel mijn hart wens ik haar een nieuwe lieve man toe.

Ze grijnst. 'Ik ken hem nu drie maanden. Dus ik vond het tijd het jullie te vertellen. Hij is piloot en hij heeft gevraagd of ik over twee weken een weekend op zijn vlucht mee wil naar Barcelona. Maar ik weet nog niet of ik dat wel moet doen, hoor.'

'Tuurlijk moet je dat doen! Superleuk, mam!'

Mijn telefoon trilt alweer.

'Hij heet Martijn. En hij is ook gescheiden. Hij heeft twee dochters en hij en zijn ex-vrouw kunnen het goed met elkaar vinden. Ze hebben co-ouderschap, een van de dochters studeert en woont op kamers. Ik… het zou leuk zijn als jullie hem zouden ontmoeten voordat ik met hem naar Barcelona ga. Dus ik wilde hem vragen zondag koffie te komen drinken. Ik wil het vanavond ook met Luke en Anousjka bespreken.'

'Goed, hoor. Ik ben benieuwd naar hem.'

'Hij is heel knap,' zegt mam dromerig.

Lachend omhels ik haar. 'Echt superfijn, mama. Je verdient het zo! Maar nu moet ik even Eline bellen, geloof ik. Een enorme calamiteit blijkbaar, ze heeft me nu al vijf keer gebeld. Werk ze! En ik stuur je zo een tikkie.'

Als ik in mijn slaapkamer ben, bel ik Eline. Ze neemt onmiddellijk op.

'Hé! What's up?' Ik plof neer op mijn bed.

'Tab, je moet nu langskomen.' Eline klinkt dwingend.

'Wat is er? Is er iets gebeurd met Alain? Of je ouders?' Ik ga wat rechter op zitten.

'Kom gewoon. Ik moet dringend iets met je bespreken.'

MEREL

Ik fiets naar Dox toe. Zijn ouders zijn niet thuis, weet ik uit ervaring. Vaak komen die pas rond zeven uur 's avonds terug van hun werk en dan eten ze met z'n allen.

Toen ik gisteren het filmpje van Stijn op mijn eigen telefoon had gedropt, heb ik het 's avonds nog een paar keer bekeken. Ik had mijn ogen gesloten, mijn oortjes erin geplugd en me geconcentreerd op wat Tabitha zegt. Het is overduidelijk dat Dox niet gedwongen is om seks met haar te hebben. Tabitha probeerde zich te verzetten en was geen partij voor hem. Hoe dan ook, al mijn gevoel voor Dox verdween onmiddellijk.

Nee, dat is niet waar. Het is niet verdwenen, maar het is vervangen door een enorme kilte en boosheid. Ik had van hem nooit gedacht dat hij zoiets zou doen. Aan de andere kant, Dox kan soms wel wat opdringerig zijn. Ik geef hem meestal zijn zin, want hij is vaak ook heel overtuigend. Dox is niet gewend om zijn zin niet te krijgen. Zijn ouders – het zijn echt schatten, daar niet van – verwennen hem door en door.

Ik zet mijn fiets tegen de muur en bel aan. Mijn benen trillen een beetje, van pure boosheid en spanning.

'Hé, baby!' Dox doet blij verrast open. Hij buigt voorover en wil me zoenen, maar ik doe een stap terug. Dox kijkt verbaasd. Ik duw hem opzij en loop naar binnen.

In de woonkamer draai ik me om. Dox loopt achter me aan.

'Wat is er gebeurd?'

'Dat kun jij mij beter vertellen, geloof ik,' zeg ik kwaad. Ik pak mijn telefoon. 'Jij en die Tabitha...'

Dox zucht geïrriteerd. 'Gaan we het nou weer over haar hebben?! Ik heb toch al gezegd dat het niets voorstelde?!'

Ik blijf op veilige afstand van hem staan en draai mijn telefoon met het scherm naar hem toe.

'Dit noem jij niets?' Dan speel ik het filmpje af.

Dox lijkt aan de grond genageld. Hij haalt een hand door zijn haren en kijkt met een gepijnigde blik naar het filmpje. Je hoort op deze afstand niet echt wat Tabitha zegt, maar Dox zal het zich ongetwijfeld herinneren.

'Shit...' zegt hij als het filmpje klaar is. 'Hoe... wat... Hoe kom je daaraan?' Hij schraapt zijn keel.

'Dat doet er niet toe, ik heb het. En het laat duidelijk zien dat Tabitha niet degene is die... hoe zei je dat ook alweer? O ja, zich aan jou opdrong. Ik zie iets heel anders.' Ik kijk hem kil aan. 'Ik zie dat zij je weg probeert te duwen. En ik hoor het ook.'

Dox steekt zijn hand naar me uit. 'Laat nog eens zien.'

'Nee. Ik ben niet achterlijk.'

Dox wordt opeens helemaal rood. 'Geef me dat fokking toestel!'

Spetters spuug vliegen uit zijn mond. Hij loopt dreigend op me af. Ik voel mijn knieën bibberen en zet een paar stappen naar achteren.

'Nee.' Ik klink stoerder dan ik me voel. 'En denk maar niet dat je dit filmpje kunt wissen. Ik heb het naar meerdere mensen gestuurd om het te bewaren,' bluf ik. Dat is niet waar, maar het staat wel in mijn cloud.

Dox kijkt me woedend aan. Hij slaat met zijn hand tegen de kast achter hem. Er valt een beeldje uit, dat in stukken op de grond spat. 'Van wie heb je dit?'

'Dat doet er niet toe, Dox. Iemand stuurde het me. Anoniem. Er waren misschien wel veertig of vijftig mensen op je feest. Een van hen heeft dit filmpje gemaakt en naar mij gestuurd.'

Dox kijkt me met open mond aan als de betekenis van wat ik zeg tot hem doordringt.

'Wat... we hadden allemaal te veel gedronken,' zegt hij dan. 'Het stelde echt weinig voor. Je moet me geloven! Verwijder dat filmpje gewoon. Oké, ik heb gelogen over dat het niet meer dan zoenen was, maar geloof me, ze besprong me bijna, voordat het zover,' hij wijst bijna beschuldigend met zijn vinger naar mijn telefoon, 'was. En jij en ik hadden...'

'Ja, ik weet het. Een time-out om te onderzoeken wat we nog voor elkaar voelen. In die time-out ging jij over al mijn grenzen heen. En over die van haar.' Ik houd mijn telefoon omhoog. 'En ik ben eruit wat ik voor je voel. Walging. Je bent niet te vertrouwen.' Ik stop mijn telefoon in mijn tas en dan loop ik naar de deur.

Dox sprint door de kamer en pakt opeens mijn arm vast. Zijn vingers duwen hard in mijn huid.

‘Je verwijdert dat filmpje, begrepen?’ Hij brengt zijn gezicht dicht bij het mijne. ‘Iedereen was dronken die avond. Tabitha wilde maar al te graag. Vraag het haar zelf anders.’

Ik krimp ineen. Ik wil dit niet horen. Met een ruk maak ik me los en ik open de voordeur. Zonder om te kijken pak ik mijn fiets en race weg.

Pas als ik vier straten verder ben, stop ik. Mijn hart bonst tegen mijn borstkas en mijn benen trillen.

Dox was ooit de liefste, leukste, mooiste, grappigste. Grenzeloos in zijn dromen. Gewend zijn zin te krijgen. Dat ook. Maar ook de jongen die mij op handen droeg. De jongen van wie ik me afvroeg hoe hij later als papa zou zijn.

Een jongen die in staat is een meisje te dwingen tot seks.

Wat nu?!

JOB

Stijn kijkt me aan.

'Sorry, man. Maar je kent m'n zus. Liza moest en zou het zien.'

Peinzend staar ik naar de grond. We staan tegen het schoolhek geleund.

'En Merel zat erbij?! Dat moet best klote zijn geweest, om dat van je ex-vriendje te zien...'

'Ja, dat vermoed ik ook. Ze trok helemaal wit weg.'

'Hoe reageerde ze?'

Stijn duwt zijn handen in zijn zakken. 'Nou, ze pakte haar oortjes erbij en ging naar het filmpje luisteren.'

'Hoezo dat dan?' Ik heb eigenlijk niet goed naar het filmpje geluisterd. Ik heb het maar een paar keer bekeken en kreeg er steeds meer een nare bijsmaak van.

'Het schijnt dat je kunt horen dat Tabitha echt niet wil. Dat Dox haar eigenlijk dwingt.'

'Dat meen je niet.' Ik pak mijn telefoon uit mijn zak en zoek het filmpje op. 'Geef je oortjes eens.' Ik steek mijn hand uit naar Stijn.

'… ik weet het niet… doe maar niet… nee…' Ik hoor het nu ook. Ik trek de oortjes uit mijn oren en geef ze terug aan Stijn.

'Shit, man… dat is echt niet oké.'

'Nee. Merel heeft het filmpje nu zelf.'

'Wát?!' Ik kijk hem geschrokken aan.

'Ja, ze dropte het op haar eigen telefoon. Ze had het gedaan voordat ik het in de gaten had, maar ze heeft gezworen niet te vertellen van wie ze het heeft. Daarna heb ik het zelf van mijn toestel verwijderd. Wat Merel ermee gaat doen, weet ik niet.'

'Misschien kan ik het dan ook maar beter verwijderen,' mompel ik. 'Wat een eikel, die Dox. Dat had ik niet van hem verwacht.'

'Jij zegt altijd dat het nogal een drammer is.'

'Ja, maar dat hij dit…' Ik schud mijn hoofd. Dan klik ik op het prullenbakicoontje.

TABITHA

Ik laat me achterover tegen de kussens vallen als Eline uitgesproken is. Maagzuur komt omhoog en ik slik het moeizaam weg. Een 'amateuristisch pornofilmpje'? Wat is daar dan op te zien? Wie heeft het gemaakt? Ik kan nauwelijks bevatten wat Eline zegt, het is net alsof dit over iemand anders gaat.

'Lieffie, dit moet heel naar klinken allemaal!' Eline neemt nog een slok van haar thee. 'Maar ik heb het echt gehoord. En het ging absoluut over dat feest.'

'Een filmpje dat Dox en ik... seks hebben?' Het maagzuur brandt onder mijn borstbeen. 'Holy shit...' fluister ik.

Eline haalt diep adem. 'Ja, dat vermoed ik wel. Dat filmpje heeft Job naar die Stijn gestuurd. En hij heeft het weer aan Merel laten zien. Dat andere meisje heet Liza, geloof ik. Ik weet ook niet goed wie die Stijn is over wie ze het hadden. Stijn van Halderen? Of Stijn Boomsma? Die Liza zei dat hij haar broer was.'

'Liza Boomsma, denk ik, die heeft inderdaad een tweelingbroer die Stijn heet.' Ik duw met mijn vingertoppen tegen mijn slapen.

Dit moet een nachtmerrie zijn.

Er zijn de afgelopen dagen wel wat lichte flarden teruggekomen van het feest. Dat Dox me zoende. Dat hij mijn pols stevig vastpakte en ik dat niet wilde. Maar het blijft steeds bij microseconden, en dan is het beeld weer weg.

'Hij heeft gezegd dat er weinig gebeurd is...' zeg ik zwakjes.

'Hij is niet te vertrouwen.' Eline schudt haar hoofd. 'Dat zei Merel in ieder geval ook.'

'Wat zegt Alain hiervan?'

'Die heb ik het nog niet verteld. Hij en Dox zijn beste vrienden... ik weet niet hoe hij zal reageren. En bovendien moest ik dit eerst met jou bespreken. Ze... die Merel zei iets over wraak nemen en misschien dat filmpje verspreiden.'

Nu voel ik me zo licht in mijn hoofd dat Elines woorden door een filter lijken te komen. 'Wat?'

'Je moet met Merel gaan praten, Tabby. Dat is het enige wat je kunt doen. Zij heeft dat filmpje blijkbaar. En die Job ook. Maar ik denk dat hij het niet snel verder zal verspreiden, anders had hij dat al wel gedaan. Merel is een ander verhaal. Dox is... was haar vriend.'

Ik voel me enorm misselijk. 'Hoe zie je dat voor je?! Dat ik Merel aanspreek en zeg: "Hoi, ik heb het blijkbaar met je vriend gedaan en dat wist ik niet dus mag ik het filmpje zien?" Nou, dan heeft ze natuurlijk gelijk begrip voor me. Not.'

'Je moet iets. Leg het haar uit. Vertel dat je zo veel gedronken hebt dat je niets meer weet. Vertel haar dat Dox tegen je zei dat hij en zij uit elkaar waren.'

Ik kreun. 'Kun jij niet met haar gaan praten?! Ik weet niet of ik het durf...'

'Ik wil wel met je mee. Maar jij zult het zelf moeten vragen.'

Ik blijf een poos stil. Ik ben terechtgekomen in een heel slechte film. Ik denk terug aan hoe ellendig ik me had gevoeld de dag na het feest. Hoe bont en blauw ik was geweest. Ik had steeds gedacht dat het van die val was. Alleen had ik ook wat pijn gehad tussen mijn benen. Ik was ervan uitgegaan dat ik misschien op de fietsstang terecht was gekomen, maar nu begint het me allemaal te dagen. Het lichte bloedverlies. Dat was dus geen tussentijdse menstruatie maar bloed van de ontmaagding. Ik voel tranen opwellen en knipper.

'Die Merel,' fluister ik dan, 'weet jij waar ze woont?'

ALAIN

Dox ziet er opgefokt uit. Hij wiebelt de hele tijd met zijn benen. Hij had geappt dat hij langs wilde komen om te praten.

Ik schuif een glas fris zijn kant uit.

'Heb je geen biertje?' Hij kijkt misprijzend naar de cola.

'Nee. Door de week mag ik niet drinken.' Ik vraag me af wat hij komt doen. 'What's up?'

Dox haalt geagiteerd een hand door zijn haren. 'Ik kreeg vanmiddag bezoek van Merel.'

Ik haal mijn schouders op. 'Oké. En? Het was toch weer min of meer goed tussen jullie?'

Dox kijkt weg. 'Op dat feest... ik heb het gedaan met die Tabitha.'

Ik blijf even verbijsterd kijken en dan begin ik te lachen. 'Serieus?! Dus toch! Tabitha had op die avond al zoiets geroepen, maar daarna zei ze tegen Eline dat ze niets meer wist. Ouwe pik! Waarom heb je me dat niet eerder verteld? Ik vroeg het je nog! En je zei dat jullie alleen gezoend hadden! Dat het niets voorstelde.'

'Ja, dat was niet helemaal de waarheid. Alleen is het dus... niet helemaal goed gegaan.' Dox kijkt naar de vloer. Ik moet zijn woorden even tot me laten doordringen.

'O, shit! Je bedoelt... is Tabitha zwanger?! Heeft ze een soa? Man, dat is echt kl...'

'Nee. Verdomme, dat zou trouwens ook nog kunnen,' mompelt Dox en hij blaast langzaam lucht uit. 'Niet dat ik weet. Nee, iemand heeft die avond een filmpje gemaakt. Ik heb geen idee wie. Een filmpje waarin te zien is wat Tabitha en ik doen, achter het atelier van mijn moeder.'

Ik moet opeens keihard lachen. 'Een filmpje?! Dude! Echt? Oef! Laat Merel het maar niet... O, wacht... shit! Merel heeft het al gezien!'

Dox lacht niet. Hij knikt bevestigend en kijkt enorm bezorgd. 'Ja. Ik heb geen idee wie het gemaakt heeft. Maar Merel heeft dat filmpje dus. En dat kwam ze me laten zien. Ze zei dat ze het naar meerdere mensen had gestuurd om het veilig te stellen of zo. En dat zij het anoniem heeft gekregen. Fok, Alain.' Dox verbergt zijn gezicht even in zijn handen. Zo ken ik hem helemaal niet. 'Dat filmpje kan niet rondgaan.' Dox leunt voorover, zijn ellebogen op zijn knieën.

'Is het echt zo erg dan, wat je ziet?'

'Nou... Tabitha had misschien iets minder zin dan ik. Snap je?'

'Wat?!'

'Ze was hartstikke bezopen. En toen hebben we gezoend en van het een kwam het ander. Ze geilde me helemaal op. En ik had zo'n zin en ik dacht zij ook... En opeens had ze niet meer zo'n zin, maar wat denkt ze dan?! Dat ik van steen ben?!'

Ik kijk Dox nog steeds vragend aan. 'Dus? Wat is er toen gebeurd?'

'Ik heb... Ze duwde me weg. Nou ja, dat probeerde ze. Want ze had nog geen soepstengel om kunnen duwen. Ze zei...' Dox haalt diep adem. 'Ze zei dat ik moest stoppen. Dat ze niet wilde. Ik heb haar vastgehouden en...'

Zwijgend kijk ik naar Dox. Van binnen voel ik me verkillen. De jongen die altijd zijn zin moet krijgen. Alles moet gaan zoals hij wil. Als Dox wil poolen en ik naar een film wil, eindigen we toch altijd in een poolcafé en niet in de bioscoop. Als Dox naar een kroeg wil, gaan we naar een kroeg. Ik heb het altijd wel oké gevonden, want ik ben me ervan bewust dat hij zo is. Als Dox zin heeft om met een meisje te zoenen, krijgt hij ze altijd zover dat ze dat doen.

Maar aanranden? Verkrachten? Dat is echt een no-go in mijn woordenboek. Ik weet even niet wat ik moet zeggen.

Dox kijkt me aan. 'Shit, man, zeg iets!'

Ik haal diep adem. 'Heb je haar gedwongen?'

'Ik weet het gewoon niet precies meer! Ze liep niet weg of zo, hè. En ze was nat. Dat zegt toch genoeg? Dan wil een meisje toch?'

Hij kijkt me vragend om bevestiging aan.

'Wat snap jij niet, Dox?! Onder welke steen heb jij gelegen? Nooit van MeToo gehoord? Je dwingt nooit iemand tot seks. Nooit! Wat staat er op dat filmpje?'

Dox zwijgt en kijkt weg.

'Shit, man...' Mijn mond valt open. 'Dus er is nog bewijs ook?!'

'Ik zie het echt niet als aanranding of zo, oké?! Ze... ze is daarna toch ook niet weggelopen, ze heeft niet om hulp geroepen. Ze was een van de laatsten die het feest verlieten en ze heeft ook nog met me gedanst. Dat doe je niet als je vindt dat iemand je gedwongen zou hebben. Alleen... op dat filmpje...'

Ik denk ineens aan iets wat Eline gezegd had. 'El zei de dag na dat feest dat Tabitha zich helemaal niets meer van de avond kon herinneren. Ze had zo veel op, dat het een zwart gat was in haar geheugen. Een black-out.'

Dox knikt langzaam. 'Ja, dat weet ik. Ze weet niets meer. Ze kwam haar fiets een paar dagen later halen en zei dat ze zich van die avond nauwelijks nog iets herinnerde. Ze vroeg me of er iets gebeurd was tussen ons, zelfs dat was ze vergeten. Ik heb gezegd dat we alleen gezoend hebben. Waarom zou ik haar meer vertellen als ze het toch allemaal kwijt is?'

'Tot zij dat filmpje onder ogen krijgt. En dan moet ze op die manier zien wat er gebeurd is?!'

Dox laat zijn hoofd hangen. 'Ik weet het, man. Dat filmpje had nooit gemaakt mogen worden. Dan was er niks aan de hand geweest. Ik moet weten van welke klootzak Merel het gekregen heeft. En Merel mag het niet verspreiden. Heel mijn reputatie gaat naar de klote!'

'Dat filmpje had nooit gemaakt mogen worden?! Dat filmpje was nooit gemaakt als jij Tabitha niet gedwongen had! Jouw reputatie?! En Tabitha's reputatie dan?! Zij wordt verkracht en dat is nog gefilmd ook!'

Dox haalt zijn schouders op. 'Ze weet er toch niets meer van?'

Ik denk aan Eline. Wat zou ik doen als iemand zoals Dox of wie dan ook haar zou dwingen om seks te hebben? Of als Eline te dronken zou zijn om weerstand te bieden of zelf te kunnen bepalen of ze het echt wil? Ik zou de dader helemaal in elkaar willen slaan.

Ik kijk naar Dox. Ik weet één ding zeker – iemand die een meisje verkracht kan geen vriend van me zijn.

‘Ik wil dat je vertrekt.’

‘Alain, kom op, man, ik...’

‘Nu. Opzouten.’

Dox kijkt me verbijsterd aan. ‘Ik dacht dat vrienden elkaar steunden.’

‘Ik dacht dat ik geen vrienden had die meiden verkrachten.’

Dox wil nog wat zeggen, maar klemt dan zijn kaken op elkaar en staat op. Zonder nog iets te zeggen loopt hij naar buiten.

MEREL

'Merel?' Mijn zusje Robin steekt haar hoofd om de hoek van mijn kamer. 'Er is iemand aan de deur voor je.'

'Nu niet. Ik ben echt aan het blokken voor m'n mondeling.' Ik kijk niet op van mijn boek Frans. Maar eigenlijk zie ik de woorden niet eens. Ik moet steeds denken aan het gesprek met Dox. Het wil maar niet rustig worden in mijn lijf. Wat als Dox me gaat bedreigen omdat hij wil weten wie dat filmpje naar me stuurde? Ik ga Stijn er echt niet bij lappen. En ik ga ook niet zeggen dat die het weer van Job heeft.

'Maar ze moet je spreken, zegt ze.'

'Ze? *C'est qui alors*?'

'Wat?'

'Da's Frans. Kan ik gelijk oefenen.' Ik draai me om en kijk Robin aan. 'Wie is het?'

'Weet ik niet. Het was een lange naam. Iets met Ta.'

'Tabitha?!' Ik sta op. Mijn hartslag verdubbelt onmiddellijk.

'Ja. Zal ik zeggen dat ze...'

Maar ik heb Robin al weggeduwd en loop met twee treden tegelijk naar beneden. Hoe haalt ze het in haar kop om hier te komen? Wat moet ze?

Ze staat in de deuropening en staart naar de voortuin. Haar krullen zitten in een knot en ze heeft geen make-up op. Toch ziet ze er mooi uit. Ik kan me voorstellen dat jongens voor haar vallen.

Even voel ik woede. Dat zij en Dox… Bah! Ik probeer de beelden uit mijn hoofd te krijgen.

Ze draait zich naar me toe. Er verschijnen rode vlekken in haar hals en gezicht en ze kijkt me zo onzeker aan, bang bijna, dat ze opeens enorm jong lijkt. Ze is misschien ietsje ouder dan Robin, schat ik, en die is vijftien.

'Wat kom je doen?' Ik leun tegen de deurpost en sla mijn armen over elkaar.

'Ik ben…'

'Ik weet wie je bent.' Ik kijk haar strak aan. Ze knikt en bijt op haar lip. Ergens heeft ze ook wel lef om hierheen te komen.

'Ik wil graag met je praten.'

'Ik luister.'

'Eh…' Ze kijkt nu heel onzeker rond. Er zijn fietsers op het fietspad en er lopen allerlei mensen op de stoep. We wonen aan een drukke straat. 'Misschien ergens waar het wat rustiger is?'

Pap en mam zijn naar de film en alleen Robin en ik zijn thuis. Ik zucht. 'Kom maar even binnen dan.'

Ik ga haar voor naar de keuken en leun tegen het aanrecht. Ze heeft haar handen in de zakken van haar hoodie gestoken en haar schouders hangen een beetje.

'Allereerst wil ik je zeggen dat het me spijt dat Dox en ik…' Ze haalt diep adem. ‘Ik weet niet eens wat er gebeurd is. Weet je, die avond heb ik zo veel gedronken dat het een soort gat in mijn geheugen is. Ik stond eigenlijk op het punt om maar weer weg te gaan, toen Dox me aansprak. En hij haalde een fles prosecco voor ons. We zijn daarna ergens gaan zitten om te kletsen en hij heeft me over je verteld. Dat jullie uit elkaar waren.’ Tabitha kijkt me aan. ‘Het volgende wat ik weet is dat ik ’s ochtends in mijn eigen bed wakker werd met mijn kleren nog aan, blauwe plekken had en dat ik me doodziek voelde. Ik… weet niet wat er tussen die laatste fles drank en het wakker worden is gebeurd, behalve wat anderen me erover vertellen. En dat is echt heel erg klote, als je niet weet wat en wie je moet geloven. Als anderen dingen van je weten die jij niet meer weet…’

Ik zwijg en kijk naar mijn blote voeten. Iets in haar openheid raakt me wel.

‘Nu vertelde mijn vriendin Eline me dat ze je gehoord had in de wc’s. Op school.’

‘Eline? Waar heb je het over?’

‘Eline is de vriendin van Alain.’

‘O, dat meisje.’

‘Je… jij en je vriendin Liza stonden in de wc’s. Eline zat in een van de hokjes. Ze hoorde wat jullie zeiden. Over een filmpje waarin ik en Dox…’ Ze slikt zichtbaar. ‘Dat moet heel erg klote voor je zijn geweest om dat te zien,’ zegt ze dan zacht.

Het overvalt me dat ze aan mij denkt. Ik slik. Zou ik dat in haar plaats hebben gedaan? ‘Ja, dat was het zeker.’

‘Het spijt me.’

Met mijn teen trek ik de voeg tussen de Portugese tegels na. Uit de woonkamer komt het geluid van een vlog die Robin aan het kijken is.

'Wat wil je, Tabitha?'

'Het filmpje zien.' Ze kucht even en kijkt me aan. Ze smeekt niet met haar ogen. Ze levelt met me. 'Ik wil graag zelf zien wat er die avond gebeurd is.'

'Jij hebt lef.' Ik kijk haar aan en schud vol ongeloof mijn hoofd. 'Ik zou je willen haten. Maar toen ik dat filmpje zag...'

'Wie heeft het filmpje eigenlijk gemaakt?'

Er zit een kleine beschadiging in een van de tegels, daar is ooit een pan op gevallen. Ik kijk ernaar. Kan ik Job wel noemen? Is dat verraad? Of is wat Job deed – ongevraagd een filmpje maken en dat naar een vriend sturen – ook niet oké? Ik haal diep adem. 'Job,' zeg ik dan. 'Job van Velsen. Uit de vijfde.'

Ik heb nu opeens heel veel macht over haar. Als ik zou zeggen dat ik het filmpje gewist heb, zal ze zich vreselijk voelen en vannacht geen oog dichtdoen. Ondertussen maakt ze zichzelf gek met de vraag wat er precies te zien is.

En de enige die er dan mee wegkomt, is Dox.

Ik zie beelden van het videootje voor me. Tabitha probeert Dox weg te duwen.

Wat als mij dit overkomen was? Of Robin? Zou ik willen dat iemand mijn zusje hielp?

Tabitha kijkt me nog steeds aan.

'Als je even hier wacht,' ik duw mezelf van het aanrecht af en loop naar de deur, 'dan haal ik mijn telefoon van boven.'

Een paar minuten later zie ik hoe ze naar het filmpje kijkt. Ik zie de ontzetting op haar gezicht, hoe ze haar hand trillend naar haar mond brengt, hoe er tranen in haar ogen verschijnen. Ze lijkt oprecht geschokt. Als het filmpje afgelopen is, kijkt ze omhoog. Ze schudt haar hoofd, haar hand nog steeds voor haar mond. Er druppelen tranen uit haar ogen.

'Ik wilde dit niet,' zegt ze met gebroken stem.

'Nee, ik wilde ook dat dit niet gebeurd was. Voor jou en voor mij.'

Ze doet haar ogen dicht maar de tranen kruipen er gewoon doorheen. 'Mag ik het nog eens zien?'

Ze kijkt nog een keer. En dan nog een keer. Ze luistert naar de geluiden met de oortjes die ik haar geef. Het gekreun van Dox. Ze hoort haar eigen stem die zegt dat ze niet wil.

Tabitha staart me vol verbijstering aan. 'Ik ben aangerand,' zegt ze dan zacht.

Ik knik. 'Zo ziet het er wel uit. Verkracht.'

Dan rent ze naar de spoelbak en geeft over.

TABITHA

Eline duwt de doos met tissues mijn kant uit en ik pak er nog eentje uit.

'Jee...' Eline bijt op haar lip. 'Ik weet gewoon niet wat ik moet zeggen. Gedwongen? Dox?'

'Het is duidelijk te horen. Hier, luister dan.' Ik houd mijn telefoon vast.

Merel had me, net voor ik bij haar wegging, het filmpje doorgestuurd en het daarna zelf van haar telefoon verwijderd. 'Doe ermee wat je moet doen,' had ze gezegd. 'Ga ermee naar de politie of verwijder het. Whatever. Meer kan en wil ik niet voor je doen.'

'Nee, ik... één keer kijken was genoeg.' Eline schudt haar hoofd en laat zich achterover zakken tegen de muur. We zitten in haar slaapkamer op haar bed. Ik ben meteen vanuit Merel hierheen gekomen. Mijn moeder is aan het werk, dus die merkt toch niet dat ik nog zo laat weg ben.

'Wat moet ik nou?' Mijn keel voelt inmiddels enorm pijnlijk van het vele slikken.

'Ik weet het niet, Tab. Ik denk dat Dox echt dacht dat je zin had. Dat het misschien een soort misverstand is.'

Dit is precies waar ik bang voor ben. Deze reactie. Dat iedereen denkt dat, omdat ik dronken was, ik het wel wilde.

'Maar ik wilde dit niet. Ik zeg toch heel duidelijk dat hij moet stoppen.'

'Ja, dat wel… maar je weet zelf niet eens meer wat er die avond gebeurd is. Voelt het dan wel als verkrachting? Ik bedoel, natuurlijk is het gebeurd, maar is het erg, als je je het niet meer herinnert?'

'Ik weet het nu toch?! Het filmpje liegt niet. Ik vind het vreselijk! En wie weet hoeveel mensen dit gezien hebben… Bovendien heeft Dox erover gelogen. Hij moet dit geweten hebben.'

Eline knikt langzaam. 'Ja, tenzij hij ook zo dronken was…'

'Als hij zo dronken was als ik, was het hem niet gelukt hoor, om mij aan te randen. Of wacht, toch te verkrachten. Wat is het verschil eigenlijk?!' Ik gooi het verfrommelde propje tissue op het bed bij de andere propjes en trek een nieuw velletje uit de doos.

Eline pakt haar telefoon om te googelen. 'Aanranding is blijkbaar zonder het binnendringen van een lichaam,' leest ze voor. 'Dus dan was het wel een verkrachting. Shit, Tab… Herinner je je er echt nog steeds niets van?'

Er ligt een dekbed met een print van kleine gele bloemetjes op het bed en ik kijk naar het patroon. 'Toen ik het filmpje zag, kwam er wel wat terug. Dat ik me misselijk voelde. Dat het pijn deed op een vreemde manier. Heel vaag dat ik mijn slipje in de tuin ging zoeken.' Ik snuit mijn neus. 'Dat het niet… fijn voelde.'

'En je hebt niet gezien dat die Job dit filmpje maakte?'

Ik schud mijn hoofd. 'Ik weet niet eens hoe hij eruitziet.'

Eline typt ondertussen iets op haar telefoon.

'Zou Dox dit filmpje al gezien hebben?'

'Ja, Merel zei dat ze het hem had laten zien. Heeft Alain hier tegen jou iets over gezegd?'

'Nee, ik heb Alain sinds gisteren niet meer gezien. Hij heeft het druk met leren voor z'n eindexamen. Maar...' Ze kijkt op haar telefoon. 'Nu heb ik wel een berichtje van hem. Kijk,' ze draait het toestel zodat ik het scherm kan zien, 'dit is Job. Heb ik net aan Alain gevraagd. O, hij is aan het typen...' Eline wacht en leest. 'Hij zegt dat Dox een paar uur geleden bij hem was. En dat ze ruzie hebben gekregen.' Eline kijkt me met grote ogen aan. 'Over wat er die avond gebeurd is, blijkbaar. Wacht, ik bel hem even!'

Eline drukt op haar scherm en duwt het toestel tegen haar oor. Er verschijnt een verliefde glimlach op haar gezicht wanneer Alain opneemt. Ik hoor niet wat hij zegt. Eline vraagt hem te vertellen wat er tussen hem en Dox is gebeurd en zegt dat ik nu bij haar zit. Dat ik het filmpje heb gekregen van Merel.

'... Nee, ze is naar Merel gegaan om te praten, toch, Tab?' En als ik knik: 'Ja. En toen heeft Merel haar zelf dat filmpje gegeven... Wat zei hij dan? ... Echt?' Eline is een poosje stil terwijl ze luistert. Ik wrijf ondertussen met een beetje spuug de mascara weg onder mijn ogen. '... Hmmm, ja, dat snap ik. Wat enorm goed van je! Maar hij is je beste vriend! Nou, ik vind het echt heel stoer van je... Ik bel je straks nog, oké? ... Ik ook van jou.' Ze straalt. 'Ciao.'

Als ze opgehangen heeft, vertelt ze hoe Dox naar Alain is gegaan en gezegd heeft dat er een filmpje was, dat Merel hem dat had laten zien. 'En dat niet alleen... hij heeft zelfs gezegd dat jij eigenlijk niet wilde. Alain is zo kwaad op hem geworden dat hij hem het huis uit heeft gezet.'

'Echt?! Heeft Dox dat toegegeven?' Ik ga wat rechter zitten en bal mijn vuist. De tissue wordt een klein hard propje. 'Wat een klootzak...'

Eline pakt mijn hand. 'Je hebt gelijk. Het spijt me dat ik heel even twijfelde. Het is niet oké. Het is nooit oké, ook als je het zelf niet meer zo goed weet. Wat ga je nu doen?'

Ik haal mijn schouders op. De tranen lopen alweer over mijn wangen. En van binnen voel ik een diepe woede.

—

Als ik de volgende ochtend spullen uit mijn kluisje haal, staat hij opeens naast me.

Van schrik laat ik mijn boeken vallen.

'Hé, Tabitha. Alles goed?' Hij kijkt me aan. 'Kunnen we even praten?'

'Dox...' Mijn stem trilt en ik moet bukken om mijn boeken te pakken. Met een bevende hand raap ik ze bij elkaar van de grond. Ik kom zo snel ik kan weer omhoog. Het is rustig bij de kluisjes, want het is nog geen pauze. Ik heb een tussenuur. Ik duw mijn kluisje dicht en probeer het beven van mijn hand te stoppen. Natuurlijk. Hij heeft geen school meer, maar de eindexamenleerlingen komen hier soms nog om wat met de stof te oefenen of een docent iets te vragen.

'Ik heb geen tijd.' Ik probeer mijn stem rustig te houden. Ik wil me omdraaien en weglopen, maar Dox zet zijn hand tegen de kluisjes en ik kan nergens heen.

'Ik wil het hebben over… die avond. Ik weet inmiddels dat jij dat filmpje ook hebt gezien. Echt een klotezooi…' Hij haalt een hand door zijn haren.

Hij dempt zijn stem. Er loopt een docent voorbij.

'Ik denk dat er een misverstand is. Die avond…' Dox zucht. 'Jij ging tegen me aan liggen en je was echt enorm aan het flirten en zo.'

Ik blijf staan en kijk hem met open mond aan. Dox lijkt het niet te merken.

'En toen wilde je nog een fles drank en we zoenden en… nou ja, we waren allebei behoorlijk opgewonden en…'

We?!

'… en je liep niet weg of zo, hè. Dat had je kunnen doen. Maar je liet het toe en…'

'Ik wilde niet.' Mijn stem klinkt vreemd. Ik wacht op een verontschuldiging.

'Ik heb je anders niet horen gillen. Of voelen vechten. Of heel hard nee horen roepen. Je was gewoon nat en opgewonden, dus je had zin.'

'Nee…' Ik fluister. 'Nee! Ik wilde het niet!' Ik praat steeds luider. 'Dat… op dat filmpje duw ik je toch weg. Heel duidelijk. En ik zei nee. Ik vroeg je te stoppen.'

'Je was stomdronken! Je kon nog geen stap zetten! Alsof jij wist wat je wilde!'

'En dus bepaalde jij maar wat ik wilde? Nee is nee. Ik wilde het niet.'

Dox slaat opeens met zijn vuist tegen de kluisjes. Het geluid dreunt door de hal.

‘Verdomme! Het was… een misverstand!’

Er gaat geen ‘het spijt me’ komen, realiseer ik me. Dox wil gewoon gelijk krijgen. Hij wil dat ik me gedeisd houd, dat ik vooral rekening met hem zal houden. Dat ik hem dit niet aan zal rekenen.

Net zoals mijn vader van ons verwacht dat we het hem niet aan zullen rekenen dat hij ons verlaten heeft. Ingehouden woede komt opeens vrij uit al mijn cellen.

‘Je pakte mijn pols vast zodat ik niets meer kon. En daarna heb je tegen me gelogen dat we alleen maar gezoend hebben. Als ik Jobs filmpje niet had gezien, had ik misschien op een dag gedacht dat ik het me had ingebeeld, maar nu is wat er die avond gebeurd is, langzaam teruggekomen.’

Hij lijkt even van zijn stuk gebracht. ‘Wat zeg je?’

‘Dat mijn geheugen weer terug is, min of meer. Je had nooit…’

‘Job?’ Dox kijkt alsof hij water ziet branden. Hij stoot een ongelovig lachje uit en schudt zijn hoofd. ‘Man o man… Job?’ Hij haalt diep adem. ‘Luister… Misschien had ik het niet moeten doen. Maar je moet ook niet doen alsof het een verkrachting was, want je hebt zelf meegedaan. Je had gewoon weg kunnen lopen. En…’

‘Je zegt net dat ik zo stomdronken was dat ik nog geen stap kon zetten. Hoe had ik dan weg kunnen lopen?’

‘Dat filmpje… heeft Job dat?’

Ik klem mijn tas tegen me aan. ‘Dat weet ik niet. Of hij het nog heeft.’

En dan, net zo onverwacht als hij er stond, loopt hij snel weg.

Maar ik heb het wel, wil ik roepen. Alleen houd ik mijn mond.

JOB

‘Job!’

Mijn naam klinkt hard door de lege fietsenstalling en ik draai me geschrokken om. Ik laat mijn fietssleutel vallen.

‘Hoe kom je er nou bij om een filmpje te maken die avond!’ Dox spuugt de woorden bijna uit. Hij pakt mijn arm vast.

‘Dox! Doe effe normaal man, laat me los.’ Ik trek mijn arm los. Mijn hart gaat wild tekeer in mijn keel. Als de zilverrug je uitdaagt, moet je hem nooit recht in de ogen kijken. Ik probeer mijn fietssleutel op de grond te vinden, buk en pak hem op.

‘Wat bezielde je, idioot! Een filmpje?! Vuile stalker!’

Ik schrik van de toon in zijn stem. ‘Rustig aan, man, het was een geintje. Meer niet.’

‘Dat geintje van jou,’ Dox komt dreigend dichterbij, ‘kost me mijn relatie met Merel en kan me zwaar in de shit brengen.’

Een paar leerlingen lopen langs en kijken nieuwsgierig onze kant uit.

Dox brengt zijn gezicht nog dichterbij en ik moet wel in zijn ogen kijken.

'Ik wil dat je dat filmpje hier en nu verwijdert van je telefoon. En uit je cloud of waar je het ook hebt staan. En je zorgt ervoor dat iedereen die het heeft, het ook deletet.'

'Ik... dat filmpje is al verwijderd,' zeg ik dan.

Dox kijkt wild uit zijn ogen. Ik zie er ook wat angst in.

Ik recht mijn rug.

'Ze wilde het niet. Dat is wat ik zag, Dox. Je hebt haar gedwongen.'

Zijn kaken spannen zich aan. Dan duwt hij me opeens met al zijn kracht tegen de muur achter me. De mensen om ons heen blijven staan.

'Je houdt je bek, begrepen?! Dit is iets tussen haar en mij! Jij zou niet eens weten wat je met een meisje moest doen.'

'In ieder geval niet aanranden,' zeg ik zacht maar duidelijk.

Dox kijkt me aan alsof hij me in mijn gezicht wil slaan of een kopstoot wil geven.

'Fok jou, loser.' Hij duwt nog een keer tegen mijn borst en dan laat hij me los. Hij draait zich om en beent weg. Iedereen loopt weer door. Ik haal diep adem en kijk Dox na.

Ik maak me geen illusie over onze toch al niet enorme vriendschap. Die is voorbij.

Maar zijn zilverrugdagen zijn ook voorbij.

TABITHA

Martijn lacht naar mijn moeder. Als ze hem een mok koffie geeft, streelt hij met zijn vingers die van haar en ze glimlacht verliefd.

Luke en ik kijken elkaar even aan.

Ik moet toegeven dat hij best leuk is. Hij heeft een slank postuur, is lang en heeft een mooie kaaklijn. Heel anders dan mijn vader. En van wat ik kan zien, is hij inderdaad gek op mijn moeder.

Hij heeft voor ons donuts meegenomen. ‘Ik hoopte dat jullie dit wel lekker zouden vinden. Volgens de locals zijn het de lekkerste van New York.’

Anousjka kijkt hongerig in de doos. ‘Echt? Mag ik deze?’

Ik vind het lief dat hij zoiets voor ons meeneemt helemaal vanuit Amerika.

‘Hou je van sport?’ vraagt Martijn aan Luke. ‘Ik was eergisteren bij een wedstrijd van de Knicks. Als je ooit in Amerika komt, moet je echt proberen naar zo’n basketbalwedstrijd te gaan.’

Luke en hij raken in gesprek en mam kijkt blij toe. Ze vangt mijn blik en ik glimlach, en zonder dat Martijn het ziet, steek ik mijn duim omhoog. Ik ben oprecht blij voor haar. Anousjka zegt dat ze weer wat aan haar huiswerk moet doen en verdwijnt naar haar kamer. Martijn laat Luke ondertussen op zijn telefoon foto's van de wedstrijd zien.

'Echt? Is dat LeBron James?'

'Ja, en dit hier...'

Als Martijn later die avond weg is, Luke naar een vriend en Anousjka al naar bed, zitten mam en ik nog samen op de bank.

'Hij is leuk, mam, op het eerste gezicht. Ik moet hem natuurlijk beter leren kennen en ik zit echt niet te wachten op een nieuwe vader, maar...'

Mam streelt mijn wang. 'Niemand vervangt je vader, lieverd. Martijn heeft zijn eigen meiden en daar hoef ik ook geen moeder voor te worden. Maar ik hoop wel dat ze me op termijn gaan zien als... nou ja, de leuke partner van hun vader. Iemand bij wie ze zich ook fijn voelen.'

'Hij reist wel veel!'

'Ja. Hij heeft altijd wel iets te vertellen.' Ze glimlacht. 'En jij?'

Ik draai mijn hoofd om haar aan te kijken. 'Reizen?!'

'Nee, of je iets moet vertellen. Je bent sinds een paar dagen zo... ik weet niet, afwezig of zo. Is er iets?'

Zonder dat ik het wil, krijg ik tranen in mijn ogen. Mijn moeder ziet het en schuift wat dichter naar me toe.

'Lieverd, wat is er toch? Kom eens even hier.' Ze trekt me tegen zich aan en dan moet ik huilen. Ze sust me en streelt mijn haar.

Na een poosje ben ik uitgehuild. Met de mouw van mijn hoodie veeg ik mijn gezicht droog.

En dan begin ik te vertellen. Over het feest en wat er allemaal gebeurd is. Over het filmpje en Dox. Over dat hij niet één keer heeft gezegd dat het hem spijt. Al die tijd lig ik tegen haar aan, mijn mouw is nat van het snot en de tranen. Mijn moeder zegt niets, ze houdt me alleen maar vast, maar ik voel wel hoe haar lichaam verstrakt als ik vertel over wat Dox heeft gedaan. Ik hoor hoe ze even haar adem inhoudt als ik over het filmpje vertel en hoe ik het zelf gekregen heb.

Ik vertel dat ik gisteren bij de kluisjes door Dox werd aangesproken en dat ik me eigenlijk afvraag of het mijn schuld was. Als ik niet dronken was geweest. Of misschien niet dat korte jurkje aan had gehad. En waarom had ik me niet gewoon verzet, waarom was ik niet weggelopen?! Waarom heb ik daarna nog met hem gedanst? Waarom ben ik niet gewoon naar huis gegaan? En ik vertel haar dat ik niet weet wat ik nu moet doen. Dat ik me vies en gebruikt voel wanneer ik dat filmpje zie.

Zonder op te kijken weet ik dat mijn moeder nu ook huilt. Ik voel hoe ze met haar vrije arm woest wat tranen van haar gezicht wrijft en ik hoor het ook aan haar gesnuf.

Een paar minuten zwijgen we, terwijl ze mijn haar blijft strelen en ik tegen haar aan blijf liggen. In mij wordt het kalmer en rustiger, en dat is heel fijn.

Ze schraapt haar keel. 'Mijn god… wat heftig voor je. Wat spijt het me dat je zoiets moet meemaken…' Ik hoor ingehouden woede in haar stem. 'Wat een lul! Wat een ongelooflijke klootzak en loser! Iemand verkrachten die geen weerstand kan bieden… mijn hemel. Als hij hier nu voor me zou staan, zou ik z'n poten breken, reken maar!' Ze haalt diep adem. 'Maar daar heb jij nu niets aan. Kijk me eens aan.' Ze gaat verzitten en ik kom iets overeind. Ze pakt mijn gezicht met beide handen vast. Haar duimen strelen mijn wangen.

'Ten eerste is het niet jouw schuld. Verkracht worden, of aangerand, is nooit de schuld van het slachtoffer. Heb je dat begrepen? Nooit. Iemand anders houdt zijn handen niet thuis, en dat is, zelfs als je stomdronken was en je niet kon verzetten, nooit goed te praten. Ik wil niet dat jij ooit denkt dat het jouw schuld is. Dat hoe jij je kleedt, of hoe je glimlacht naar iemand, of zelfs dat je dronken was, een uitnodiging is voor een jongen om te denken dat hij je aan mag randen of verkrachten. Jij bent niet vies of smerig. Dat is hij, die Dox, wel. En dat iemand er een filmpje van heeft gemaakt, vind ik walgelijk. Ik heb er echt geen woorden voor.' Ze kijkt me aan en ik zie hoe boos ze is. 'Maar dat filmpje heb je dus nog steeds?'

Ik knik.

'En anderen? Hebben anderen het?'

'Dat weet ik niet. Merel heeft het verwijderd. Ik heb er verder niemand over gehoord, dus ik denk niet dat het verspreid is. Wil… wil je het zien?'

'Nee. Absoluut niet. Tenzij jij erop staat dat ik het bekijk.'

Ik schud mijn hoofd.

Mam staat op. 'Ik ga thee voor ons zetten en dan gaan we kijken wat je opties zijn.'

'Opties?'

'Ja. Niemand mag wegkomen met zoiets, lieverd. Groene thee?'

Een paar minuten later zitten we weer op de bank. Mam schudt haar hoofd. 'Ik vind het zo erg voor je. Hoelang weet je dit nu?'

'Een paar dagen.'

'Waarom kwam je niet gelijk naar me toe? Ach, misschien had ik dat vroeger ook niet gedaan,' antwoordt ze zelf al en ze blaast in haar hete thee. 'Hoelang geleden is dat feest?'

'Iets meer dan twee weken.'

'En die jongen, zie je die nog op school?'

'Gisteren dus, toen hij me aansprak. Verder niet echt. Hij doet eindexamen, dus als hij slaagt is hij van school af.'

'Wat wil je gaan doen?'

De mok voelt warm aan. Ik speel wat met het labeltje van de thee. 'Hoe bedoel je?'

'Je kunt aangifte doen bij de politie. Je hebt bewijs. Op dat filmpje is toch duidelijk te horen dat je je verzet?'

Ik knik.

'Of je kunt niets doen. Het is jouw keuze.'

Ik heb nog niet eens over aangifte nagedacht. 'Maar… als ik naar de politie ga, komt Dox daar vast achter! En dan wordt hij woest.'

Mijn moeder zet met een klap haar mok neer en de thee klotst over de rand op de tafel. 'Dat is zijn probleem. Alsjeblieft zeg, ga je nou niet druk maken over hoe erg het voor hem is als jij aangifte doet! Jij bent verkracht. Hij heeft geen moment nagedacht over wat dat voor jou betekent.'

Ze heeft een punt.

'Wat zou jij doen?' Ik kijk haar aan.

'Ik zou hem aan willen vliegen. Maar aangezien ik dan waarschijnlijk een strafblad krijg, zou ik het aan de politie overlaten. En ik zou hem er niet mee weg laten komen. Want nu ben jij het. De volgende keer is het iemand anders. Je kunt slachtoffer blijven. Of je kunt de regie terugpakken en hem aanklagen. Je hebt bewijs. En zelfs als je dat niet had, zou ik als ik jou was aangifte doen. Laat een dader er nooit mee wegkomen, meisje. Sterke vrouwen worden niet sterk geboren, ze worden sterk doordat ze niet langer over zich heen laten lopen.'

'En als ik geen aangifte wil doen?'

Ze bijt op haar lip. 'Dan is dat jouw keuze, die ik volledig zal steunen. Ik zal dat moeilijk vinden, maar het is jouw leven en jij mag zelf besluiten wat je hiermee wilt. Ik vraag je alleen wel erover na te denken: als jij niet voor jezelf opkomt, wie gaat het dan doen?'

DRIE DAGEN LATER

Ik bestudeer de tekst op de website van de politie nog een keer goed. *Bel bij seksueel misbruik met 0900-8844 en vraag naar de zedenpolitie bij u in de buurt. U kunt ook naar een politiebureau gaan. U krijgt dan zo snel mogelijk een afspraak voor een informatief gesprek met speciaal opgeleide zedenrechercheurs. De politie behandelt elke melding van mogelijk seksueel misbruik serieus. Daarom maken we hiervoor een aparte afspraak. Is het zojuist gebeurd? Hebt u dringend medische zorg nodig? Of kent u de dader niet? Bel dan 112.*

Hoe langer ik er de laatste dagen over nadenk, hoe zekerder ik weet dat Dox er niet mee weg mag komen, al is het inmiddels bijna drie weken geleden en ook al was ik dronken. Hij wist dat ik me nauwelijks kon verzetten. Er zijn steeds meer stukken geheugen van die nacht teruggekomen. Ik weet bijna alles weer. En wat ik zeker weet is dat een 'nee' nooit een 'ja' is. Of met dwang een 'ja' mag worden.

Soms voel ik me opeens zo enorm kwaad. En dan weer verdrietig. Ik weet niet of ik zo heel snel weer een jongen zal vertrouwen. Ik weet wel zeker dat ik niet meer zo dronken wil worden dat ik me niet herinner wat er gebeurd is.

Het meest baal ik ervan dat mijn eerste keer zo is gegaan. Dat iemand zich zomaar aan me heeft opgedrongen.

Ik heb Dox nog een paar keer zien lopen op school. Dan denk ik aan wat mam tegen me heeft gezegd. Dat ik, als ik Dox zie, mijn rug recht moet trekken, mijn hoofd hoog moet houden en hem verder moet negeren. Het is maar goed dat hij eindexamen heeft gedaan. Ik hoop dat hij slaagt, zodat hij van school af zal zijn.

Mam heeft me gezegd dat ik ook met een therapeut hierover kan praten. Ik weet nog niet of ik dat wil. Het is al heel fijn dat ik er zo goed met haar en Eline over kan praten, dus misschien is dat niet nodig. Het is wel belangrijk dat ik mezelf in de spiegel recht kan aankijken. Als Dox dit ooit weer doet, had ik het misschien kunnen voorkomen door naar de politie te gaan. De enige die kan besluiten om er wat mee te doen, ben ik zelf. Ik heb nergens anders controle over gehad, maar hierover wel.

Ik pak mijn telefoon en toets het nummer in.

'Politie, meldkamer bureau Oostwijk, zegt u het maar.' Een vrouwenstem.

Ik haal diep adem en voel hoe sterk ik ben. Hoe goed het is om niet het zwijgzame slachtoffer te zijn maar mijn stem te laten horen.

'Dag, met Tabitha Martis. Ik wil graag een afspraak maken om te praten over een verkrachting.'

WAT ALS JOU ZOIETS OVERKOMT?

Het verhaal van Tabitha is verzonnen. Maar in het echt gebeuren dit soort dingen helaas ook. Een op de drie vrouwen krijgt in haar leven te maken met 'ongewenst seksueel grensoverschrijdend gedrag', zoals een verkrachting of aanranding.

Als je iets dergelijks hebt meegemaakt, is dat een heftige inbreuk op je leven. Je kunt bij allerlei instanties terecht voor hulp.

Wanneer de verkrachting of aanranding net gebeurd is, kun je naar het Centrum Seksueel Geweld bellen. Als de verkrachting minder dan zeven dagen geleden is gebeurd, kunnen ze je daar helpen door bijvoorbeeld sporenonderzoek te doen. Zo kan een dader makkelijker gepakt worden. Het landelijke telefoonnummer van dit centrum is 0800-0188; het heeft meerdere vestigingen in het hele land. Het nummer is 24/7 bereikbaar en je kunt anoniem bellen. De mensen die er werken zijn gespecialiseerd in dit soort zaken. Zij weten hoe ze je kunnen helpen. Je hoeft niet bang te zijn dat ze dat niet willen.

Het kan zijn dat je het liefst zo snel mogelijk na de ongewenste ervaring wilt douchen of je kleding in de was wilt gooien, maar wacht liever tot er sporen zijn veiliggesteld. Kleding kun je eventueel in een zak doen en bewaren voor de politie.

Is de verkrachting of aanranding langer dan zeven dagen geleden, dan kan het centrum je ook verder helpen, door je bijvoorbeeld in contact te brengen met de politie.

Wanneer je overweegt aangifte te doen, zijn er een aantal opties. Het eerste gesprek bij de politie heet een informatief gesprek. Je vertelt je verhaal dan vaak tegen een gespecialiseerde zedenrechercheur.

Daarna kun je kiezen wat je doet.

De eerste keuze is dat je alleen een informatief gesprek hebt. Je laat het daarbij en er gebeurt verder niets. Dan heb je gewoon je hart gelucht en daar blijft het bij.

Of je maakt een melding. Je verhaal wordt genoteerd, maar er volgt geen strafrechtelijk onderzoek. De dader komt er ook niet achter dat je naar de politie bent gegaan. De melding blijft wel tien jaar bewaard. Als iemand anders in die tijd melding doet van iets wat de dader heeft gedaan, kan de politie besluiten om toch een strafrechtelijk onderzoek te beginnen.

De derde optie is dat je aangifte doet. Dan start de politie in ieder geval een onderzoek. Er moet voldoende bewijs zijn om tot vervolging over te gaan. Als de dader schuldig bevonden wordt, kan hij straf krijgen. Als hij veroordeeld wordt, dan zal hij een aantekening zedendelict achter zijn naam hebben staan. Dat is ernstig. De dader zal dan bijvoorbeeld geen werk kunnen doen waarbij hij met kinderen te maken heeft, zoals leerkracht, of coach van een jeugdvoetbalteam. Dit komt omdat de dader dan niet langer een VOG – Verklaring Omtrent Gedrag – zal krijgen.

In Nederland komen er ieder jaar achtduizend meldingen binnen. Het werkelijke cijfer ligt waarschijnlijk hoger, want veel slachtoffers durven het niet te melden om allerlei redenen. Misschien ken je de dader, houd je het liever voor jezelf, ben je bang voor de reactie van anderen of heb je het gevoel dat het (deels) je eigen schuld was. Je kunt denken dat je misschien toch niet dat korte rokje aan had moeten trekken, of die blouse. Misschien denk je dat je niet had moeten flirten met de dader, of niet 's avonds alleen op straat had moeten zijn. Het is belangrijk dat je begrijpt dat het nooit jouw schuld is als iemand anders zich niet kan inhouden en je dwingt tot iets wat jij niet wilt. De schuld ligt bij de dader.

Woon je in België?
Kijk dan op seksueelgeweld.be/ik-ben-slachtoffer voor meer informatie.

KLUITMAN-NOVELLES:

Niet dik, niet duur, wel heel spannend

najaar 2020